인물로 보는 일본역사 제2권

소가씨 4대
고대 일본의 권력 가문

차례
Contents

'100년 권력' 소가씨 4대의 이야기

천황의 나라, 일본

2019년 5월 1일 전 세계의 이목이 이웃 나라 일본에 집중되었다. 아키히토(明仁) 천황이 31년간의 헤이세이(平成) 시대를 생전 양위로 마감하고 그 아들 나루히토(德仁)가 제126대 천황으로 즉위하면서 새로운 레이와(令和)의 시대를 맞이했기 때문이다. 아울러 이 새로운 천황의 탄생은 일본국민은 물론 세계의 많은 사람들에게 일본은 여전히 '천황의 나라'임을 각인하고 확인시키는 빅 이벤트이기도 했다.

저자는 졸저(『왜 일본에 사무라이가 등장했을까?』, 자음과모음, 2012)에서 "일본은 천황의 나라이며 동시에 무사의 나라다"

"현대의 일본인은 '천황의 나라'에서 '무사의 후예'로 살아가고 있다"고 언급한 적이 있다.

고대에서 현대에 이르는 일본역사의 전개과정을 보면, 약 1,200년에 걸친 고대의 오랜 기간과 1868년의 메이지유신(明治維新) 이후의 근·현대시대 약 150년 동안 역사의 주인공은 바로 천황이었다. 적어도 천황은 4세기에 성립한 야마토(大和) 국가 이후 1200년경까지의 약 800년간에 걸친 고대, 1868년 메이지유신 이후 1945년의 일본제국 패망까지 '현인신(現人神)'으로서 근대일본의 명실상부한 최고 지배자였다. 그리고 1945년 이후 현재까지 일본 헌법이 규정한 인간 천황, 즉 '상징 천황'으로서 여전히 일본국민 위에 존재하고 있다.

그 단적인 사례가 일본의 법정 공휴일 가운데 메이지 천황(11월 3일)과 쇼와 천황(4월 29일) 그리고 헤이세이 천황(12월 23일)의 생일이 공휴일로 지정되어 있다는 점이다. 예수님의 성탄절(12월 25일)이나 부처님 오신 날(음 4월 8일)이 휴일이 아닌 나라, 예수님과 부처님을 대신해 천황의 생일이 휴일인 나라, 서기(西紀)가 아닌 고유 연호가 여전히 사용되고 있는 명실상부한 천황의 나라가 일본이다.

무사의 나라, 일본

전근대의 중세에서 근세에 이르는 약 700년 동안, 시대의 주인·권력자는 쇼군(將軍)을 정점으로 하는 무사, 즉 사무라이 집단이었다. 무사·쇼군은 1192년 미나모토노 요리토모(源賴朝)가 가마쿠라(鎌倉)에 최초의 막부를 세운 이후, 1336년 아시카가 다카우지(足利尊氏)에 의한 무로마치(室町) 막부를 거쳐, 1600년 세키가하라 전투의 승리로 천하 통일을 달성한 도쿠가와 이에야스(德川家康)가 1603년 에도(江戶)에 창설한 에도 막부에 이르는 3대 막부 약 700여 년 동안 일본의 실질적인 통치자·최고 지배자였다.

외척의 나라, 일본

일본역사의 시기를 고대시대로 한정했을 때, 명실상부한 천황의 나라에서 천황가와 비견되는, 때로는 천황가를 능가하는 현실의 정치권력을 유지·독점한 집안은 누구일까?

이 질문과 관련된 사항으로 일본의 역사에 관심이 있는 독자라면, 아니 중·고교의 역사수업을 충실히 들은 사람이라면 적어도 소가(蘇我)씨, 후지와라(藤原)씨, 혹은 호조(北條)씨의 존재를 이미 잘 알고, 적어도 한 번쯤은 들어보았을 것이다.

이들 세 집안의 공통점은 천황가 혹은 쇼군가(將軍家)의 외척이라는 점이다. 즉 소가씨와 후지와라씨는 천황가의 외척이며, 호조(北條)씨는 일본 최초의 막부 쇼군 미나모토(源)씨의 외척이다. 이들의 존재를 무시하고는 1,200여 년에 걸친 일본 고대 역사나, 1192년부터 1333년에 이르는 중세시대의 서막을 장식한 가마쿠라(鎌倉)시대 140여 년간의 역사 과정을 이해할 수 없다. 왜냐하면 이들 세 집안은 각각 대신(大臣)·섭정(攝政)과 관백(關白) 그리고 집권(執權)이라는 정치적 지위를 집안 대대로 독점하면서 해당 시기에 최고의 정치권력을 유지해왔기 때문이다.

적어도 일본 전근대사, 특히 고대 한반도 및 중국과 비교되는 일본 고대 정치문화의 특징을 이해하는 데 '외척'이라는 키워드는 절대 무시할 수 없다. '외척'이라는 요소를 도외시하고는 일본 고대사의 실상·실체에 접근하는 것은 불가능하다 해도 결코 과언이 아닐 것이다.

이 책의 주인공은?

소가씨는 왜국이 고대국가로의 진행을 시작한 6세기에서 7세기에 걸친 역사에서 가장 큰 발자취를 남긴 씨족이다.

대왕 유랴쿠(雄略)가 서거한 이후 열도 전체의 동요는 6세기 초엽에 에치젠(越前)에서 '오오토 왕(男大迹王)', 즉 게이타이(繼体)를 맞이하여 즉위시키고 나서도 계속되었다. 이러한 동요는 6세기 전반에 소가씨의 세력을 배경으로 한 긴메이(欽明)의 즉위로 일단 매듭지었다. 대왕 긴메이와 소가노 이나메 아래 결집한 왜 왕권의 지배자층은 국내의 왕권분열과 국외의 한반도 문제의 긴박함으로 인해 결집하고 지금까지의 원초적인 정치체제를 넘어선 새로운 단계의 권력집중을 이룬 것이다.

이 책이 검토 대상으로 삼은 역사의 주인공은 645년에 발생한 다이카개신(大化改新: 이른바 을사의 변)까지의 일본 고대사의 전반부를 화려하게 장식한 소가씨 집안의 사람들이다. 특히 소가씨 본종가(본가)를 형성한 소가노 이나메(稻目)-우마코(馬子)-에미시(蝦夷)-이루카(入鹿)로 이어지는 소가씨 4대이다.

제1장의 주인공은 왜국 내의 소가씨의 실질적인 시조라 할 수 있는 제1대 이나메다.

이나메(稻目) 프로필: 소가노 고마(高麗)의 아들로 태어난 이나메는 6세기(고훈 시대)에 활동했던 호족이다. 센카(宣化)·긴메이 양 천황 시대에 대신(大臣, 오오미)에 임명되어 정계에서 활약했다. 불교를 적극적으로 수용하고, 세 딸을 모두 천황에게 시집보내 황실과 인척 관계를 맺음으로써 소가 가문의 세력 기반을 마련했다.

여기서는 소가씨의 출자, 즉 이들은 어디에서 왔는지를
해명하고, 이나메와 긴메이 천황, 이나메와 불교와 도래인의
관계를 축으로 소가씨 집단이 왜국의 조정에서 정치권력을
갖게 된 배경과 원인을 규명한다.

제2장에서는 야마토 조정 내의 소가씨 권력을 반석에 올
려놓은 제2대 우마코를 주인공으로 다룬다.

우마코(馬子) 프로필: 소가노 우마코는 아스카 시대 전반의
대표적인 중앙 호족이다. 부친인 소가노 이나메에 이어 최고
지위인 대신 직에 올랐다. 그는 불교를 적극적으로 도입·이
용하고 천황가와 혼인관계를 형성함으로써 정치적 지위를
강화하였다. 불교의 도입을 둘러싸고 대립한 모노노베노 모
리야(物部守屋)를 제압하고 국정의 주도권을 쥐었으며, 외척
의 지위를 이용하여 비다쓰(敏達) 천황 이후의 요메이(用明)·
스슌(崇峻)·스이코(推古)로 이어지는 소가 가문의 피를 이은
천황을 옹립했다. 이로써 아스카 시대 최고의 권력자가 되었
고 소가 가문의 전성기를 구가하였다.

이 장에서는 특히 일본 고대의 문명개화의 선구자로서의
소가씨와 우마코의 행적을 추구한다.

제3장에서는 유능하지만 소가씨 본종가의 운명에 그림

자를 드리우게 한 제3대 에미시와 최후의 비극의 주인공이 된 제4대 이루카를 대상으로 한다. 여기서는 급변하는 동아시아 국제정세 속에서 왜국과 소가씨의 운명을 위해 각투한 이루카의 행적에 초점을 맞춘다.

이 책의 목표

왜국의 정치무대에서 6세기에 들어 비로소 그 존재를 나타낸 신흥씨족 소가씨가 어떻게 정치의 중심적인 존재로 부상하게 되었는지, 이들이 일본 고대사, 특히 일본 고대국가 형성 및 지배체제 구축과정과 일본 고대의 정치문화 발전과정에 어떠한 발자취를 남겼는지 등을 당시의 동아시아 국제관계, 특히 백제를 중심으로 하는 한반도와의 관계를 시야에 두면서 살펴보기로 한다.

무엇보다도 이 책의 문제관심은 소가씨 그들은 누구인지, 그들 권력의 원천은 어디에 있는지, 그들의 정치권력을 지탱한 그룹은 누구인지, 그리고 그들이 일본 고대사에 남긴 정치적 유산은 무엇인지 등 저자가 평소 궁금했던 점들을 '외척' '불교' 및 '불교문화' '도래인'이라는 키워드를 중심으로 살펴보고자 한다.

이 책에는 총 세 개의 계보도가 나온다. 주요인물에 대해서는 원어명과 한국어 음을 달아주었다. 단, 이 책에서 직접 거론하지 않은 인물에 대해서는 성별만 표시해주었다.

제1장 이나메와 긴메이 천황

소가씨의 출자

소가 가문의 출자·근거지를 둘러싼 논의

소가 가문의 출신지에 대해서는 크게 보아 두 가지로 대별되는데, 일본학계 종래의 통설인 토착호족설과 한반도에서 온 백제계 도래계설이다.

우선, 전자의 토착호족설에서 소가씨의 본거지에 대해서는 ①야마토(大和)국 다카이치(高市)군 소가(曾我)라는 설, ②야마토국 가쓰라기(葛城)군이라는 설, ③가와치(河內)국 이시카와(石川)군이라는 설이 존재한다. 그러나 이러한 설은 소가씨의 시대에 따른 변천이나 동족 씨족을 하나로 묶어 생각한 결과다. 다음으로, 소가씨의 출신지를 외부에서 구하는 이해로 ④소가씨를 백제에서 온 도래인, 즉 도래계로 생각하는 설이 과거에 유력하게 존재했는데, 최근의 일본학계에서는 이에 대해 부정하는 경향이 강하다. 예를 들면, 가토 겐키치(加藤謙吉), 구라모토 가즈히로(倉本一宏), 오오야마 세이이치(大山誠一)설 등.

①야마토국 다카이치(高市)군 소가(曾我)에 대해서는 오늘날의 나라현 가시하라(橿原)시 소가 지역에 소가니마스소가쓰히코(宗我坐宗我都比古)신사가 진좌하며,『기씨가첩(紀氏家牒)』에 나오는 기술이 주요 근거다(모토오리 노리나가本居宣長『고사기전』등).

소가노이시카와노스쿠네(蘇我石河宿禰)의 집(家), 야마토(大和)국 다카이치(高市)군 소가(蘇我)리에 있다. 이에 연유해 소가노이시카와노스쿠네(蘇我石河宿禰)라 한다. 소가신(蘇我臣)·가와베신(川邊臣)의 조상이다.

이 지역에서 동남방향으로 가루(輕: 야마토국 다카이치군 가루, 오늘날의 가시하라시 오오가루정), 도유라(豊浦: 야마토국 다카이치군 도유라, 오늘날의 나라현 다카이치군 아스카무라 도요우라), 오하리다(小墾田), 나아가 아스카(飛鳥)에 걸쳐 소가 본종가의 거주지가 소재하고 있다. 소가씨 동족씨족이 이 주변을 본거지로 삼고 있었던 점에서도 소가(曾我)가 소가씨에게 중요한 지역이었음을 알 수 있다.

②야마토국 가쓰라기(葛城)군에 대해서는 『일본서기』「스이코기(推古紀)」「고교쿠기(皇極紀)」에 보이는 소가씨와 가쓰라기 지방(현 나라현 기타가쓰라기군 고류초廣陵町에서 가쓰라기시, 고세御所시에 걸친 지역)과의 관계에 사실성을 인정하여 5세기 가쓰라기씨와 소가씨의 직접적인 관련성을 상정하고 있으며, 혹은 가쓰라기집단에서 소가씨가 발생한 것으로 보는 이해다(가토 겐기치 설 등).

③가와치국 이시카와(石川)군에 대해서는 『일본삼대실록』의 원경(元慶) 원년(877년)기사에 다음의 기록이 있다.

우경인 전 나가토노가미(長門守) 종5위하 이시카와노아손 기무라(石川朝臣木村)·산위(散位) 정6위상 야구치노아손 미네나리(箭口朝臣岑業), 이시카와·야구치의 성씨를 고쳐서 아울러 소가노아손(宗岳朝臣)을 하사받다. 기무라가 말하길, 시조 대신(大臣) 다케우치노스쿠네(武內宿禰)의 아들 소가노이시카와(宗我石川), 가와치국(河內國)의 이시카와(石川) 별업에서 태어

나다. 이에 이시카와(石川)를 이름으로 삼았다. 소가대가(宗我大家)를 하사받아 주거로 삼았다. 이에 소가노스쿠네(宗我宿禰)의 성(姓)을 하사받았다. 덴무(天武) 천황(기요미하라 천황) 13년 아손(朝臣) 성(姓)을 하사받았다. 선조의 이름으로 자손의 성을 삼는 것은 이미나(諱)를 피하지 않는다. 조(詔)로서 이를 허가했다.

소가씨에서 개성한 이시카와(石川)씨가 자신의 선조라 주장한 소가노이시카와노스쿠네(蘇賀石河宿禰=宗我石川)가 가와치국 이시카와 별업에서 태어났다고 하는 점을 전제로 소가씨 그 자체의 본거지도 가와치국 이시카와군이었다고 생각하는 것이다(마유즈미 히로미치黛弘道 설). 이렇게 생각하면 소가씨는 가와치국에서 야마토국으로 진출한 것이 된다. 이 설에 대해서는 소가씨 본종가가 멸망하고 소가노구라(蘇我倉)씨가 소가씨의 씨상(氏上)을 계승하여, 소가노구라(蘇我倉)씨에서 소가씨로 개성한 후에 주장된 조상전승일 것으로 이해하는 설이 있다(구라모토 가즈히로 설).

④소가씨 도래인설
일본학계에서는 일찍이 소가씨 자체가 도래인이라는 설이 제창되었다(가도와키 데이지門脇禎二, 『新版 飛鳥; その古代

史と風土』 등). 이 학설에서는 『일본서기』에 오진(應神) 천황 25년(414?년)에 도래했다고 하는 백제의 고관 목만치(木滿致＝木劦滿致)와, 소가씨가 자신들의 선조로 주장하고 있는 소가마지(蘇我滿智)를 동일인물로 생각하는 것이다. 소가씨 도래인설은 그 후에도 유력한 연구자에 의해 계승되었고(山尾幸久, 鈴木靖民 등) 현재에도 일반에 소가씨 도래인이라는 이해가 널리 유포되고 있다.

여기에 등장하는 소가 마지라는 인물은 헤이안시대 초기에 성립한 『역운기(歷運記)』(811년)를 기초로 11세기 초에 성립한 『공경보임(公卿補任)』의 센카(宣化) 천황 시대에 보이는 계보에

　　滿智宿禰-韓子-高麗-稻目宿禰

라고 보이고, 또한 헤이안시대 초기에 성립한 『기씨가첩(紀氏家牒)』에 전해지는 계보에

　　蘇賀石河宿禰-滿智宿禰-韓子宿禰-馬背宿禰(高麗)-稻目宿禰

등장하는 것처럼 이나메의 증조부로 보이는 인물이다. 아울러 마지와 이나메 사이의 인물이 가라코(韓子)나 고마(高

麗)와 같이 한반도풍(한국식)의 이름을 지니고 있는 점도 소가씨 도래계 설의 근거가 되고 있다.

이 소가씨 백제계 도래인설에 대해서 최근의 일본학계에서는 강하게 부정하는 것이 일반적이다. 그 대표적인 연구자가 구라모토 가즈히로(倉本一宏)다. 그에 따르면 '목리만치(木刕滿致)'의 이름이 보이는『삼국사기』「백제본기」475년(개로왕 21년)과 오진(應神) 천황 25년 사이에는 상당한 시기의 차이가 있다는 점, 무엇보다도 오진 천황의 실재성 자체에도 의문이 있기 때문에 그 기년을 안이하게 결부시키는 것은 문제라는 것이다.

또한 백제의 국사(國事)를 집행했다는 목리만치가 '남행'했다는 것을 왜국으로 도래(망명)한 것이라는 해석에도 무리가 있으며, 보통으로 생각하면 백제 초기의 왕성이었던 한성(서울 한강 남안)에서 남행한다고 하는 것은 백제 남부의 웅진(충남 공주) 지역으로 도피한 것을 말하는 것으로 보아야 한다고 주장한다. 나아가 소가씨 자체의 성립이 6세기로 내려오기 때문에(씨氏의 성립도 마찬가지) 5세기의 인물인 마지(滿智)의 실재성에도 의문을 제기한다.

아울러, 소가씨=도래인설에서는『고어습유(古語拾遺)』(807년 성립)의 유랴쿠(雄略) 천황단에

이후 제국의 공조(貢調), 해마다 넘쳐나다. 다시 대장(大藏)
을 세워서 소가노마지노스쿠네(蘇我麻智宿禰)로 하여금 삼장
(三藏: 齋藏, 內藏, 大藏)을 검교(檢校)시키고, 하타(秦)씨에게 그
물건을 출납하게 하였고, 동서(東西)의 후미(文)씨에게 그 장부
(簿)를 감록(勘錄)하게 하였다. 이로써 아야(漢)씨에게 성을 내
려 내장(內藏)·대장(大藏)이라 하였다. 지금 하타·아야(秦·漢)
2씨로서 내장·대장의 주일(主鎰)·장부(藏部)가 된 것은 이 연
유이다.

라는 기사에 사실성을 인정하여 여기에 보이는 소가노마지
노스쿠네를 마지(滿致)로 생각하는 것인데, 이 기사는 하타
(秦)씨나 소가노구라(蘇我倉)씨의 가전(家傳)에 기초해 조작
된 것일 가능성이 높다고 이해한다. 따라서 이 마지 전승 자
체를 '창고' 관계의 전승을 말하고 있는 점에서 6, 7세기에
소가씨가 조정의 창고를 관장한 사실을 소급해서 소가씨 가
운데에서도 창고(구라)를 관장한 소가노구라(蘇我倉)씨와 그
후예인 이시카와(石川)씨에 의해 만들어진 전승으로 생각해
야 할 것이며, 소가노 마지라는 인물 자체 이시카와씨에 의
해 창출된 인물일 가능성이 높다(가토 겐키치 설)고 보고, 백제
의 고관이 왜국에 망명하여 그대로 왜국에서 가장 격이 높
은 오미(臣)라는 성(姓: 가바네)을 받고 국가의 재정을 관리하

는 중요한 직장을 담당했다고 하는 것도 매우 부자연스럽다
고 의문을 제기한다.

또 나아가 소가씨의 선조라고 칭하는 마지(滿智)의 아들
가라코(韓子)나 그 아들(이나메의 아버지)인 고마(高麗)라는 한
반도풍(한국식)의 이름도 이들의 계보 자체에 신빙성이 전혀
없기 때문에 근거가 될 수 없다고 주장한다. 게다가 가라코
(韓子)라는 것은 외국인의 혼혈아의 통칭이며, 이름에 외국
이나 변경·동물의 명칭을 붙이는 것은 그 자식의 건강을 바
라는 데서 나온 것으로 우마코·에미시·이루카도 마찬가지
라고 한다. 근본적으로 백제에서 왔다는 소가씨가 고구려를
의미하는 고마(高麗)라는 이름을 붙인 것도 이상한 일이다
(도야마 미쓰오遠山美都男, 『蘇我氏四代』)라고 부연한다.

이상의 여러 이유를 들어 구라모토는 소가씨 도래인설의
근거는 존재하지 않으며, 현재는 완전히 부정되고 있다고 단
언하면서 이설이 나오게 된 배경으로, 당시는 '기마민족정복
왕조설'이나 '3왕조교체설'로 상징되는 것처럼 왜국의 문화
나 정치의 원류를 무엇이든 한반도 제국에서 구하는 풍조가
있었던 것도 크게 작용한 것으로 추측되는데, 이것이 세상
에 널리 받아들여진 배경에는 보다 뿌리 깊은 것이 있다. 소
가씨를 역사의 악자(악인)로 규정한 위에서 당시의 일본인의
잠재의식 속에 나쁜 일(특히 천황에 대한 불경행위)을 하는 것은

외국인임이 틀림없다는 선입견이 있었던 것은 아닐까 생각
된다고, 소가씨 도래인설 유포의 사회적인 배경을 지적하고
있다.

이상에서 소개한 구라모토 가즈히로(倉本一宏)로 대표되
는 최근의 일본학계의 소가씨의 출자에 관한 이해, 특히 소
가씨 도래인설을 강하게 부정하는 학설에 대해서는 몇 가지
의문을 제기하지 않을 수 없다.

우선 소가씨의 출자를 전하는 다양한 사료를 이해하는 데
반드시 양자택일적으로 이해할 필요가 없다는 점이다. 무엇
보다도 사료 상호 간에 모순을 발견하기 어렵기 때문이다.
달리 말해 소가씨의 왜국 내 근거지와 본래의 출자를 반드
시 동일시할 필요는 없다는 것이다.

예를 들면, 스이코(推古)조에 우마코가 스이코 천황에게
자신들의 본거지로 가쓰라기현에 대해 하사해줄 것을 요청·
주장하고 있는 일에 보이는 것처럼 소가씨의 근거지로 간주
되는 가쓰라기(葛城) 지방과 소가 지방의 경우, 가쓰라기 지
방은 소가씨가 최초로 왜국에 정착해 자신들의 거점·근거지
로 삼았던 지역이며 이후 소가씨가 가쓰라기 지방에서 '소
가' 지역으로 진출하여 '소가'라는 씨족명이 유래된 것으로
이해해도 전혀 모순이 없다.

또한 소가 지방과 이시카와 지역의 경우도, 이나메 이후의 소가본종가의 거점인 나라의 소가 지역에 대해 '을사의 변' 이후 소가씨 본종가의 자리를 차지한 소가씨의 동족인 소가노이시카와(蘇我石川)의 본거지·근거지가 오늘날의 오사카 지역에 위치하는 이시카와 지역에 있었기 때문에, 소가노이시카와씨가 공적으로 제출·주장한 소가씨의 근거지가 이시카와로 문헌에 기록된 것이라 생각할 수 있다.

그렇다고 한다면 소가씨의 계보를 확인할 수 있는 「기기(記紀)」 이외의 문헌자료, 즉 『기씨가첩』과 『공경보임』을 통해 확인되는 소가씨의 계보에 보이는 인물들이야말로 소가씨의 최초의 출자(출신지)를 말해주는 귀중한 사료라 할 수 있을 것이다.

즉, 한반도풍의 이름인 가라코(韓子)와 고마(高麗)의 문제나 마지(滿智)의 이해 문제 등에서도 목만치(木滿致)와 마지를 직접 연결하지 않더라도, 마지가 5세기경에 왜국에 건너와 야마토 조정에서 고국 백제의 선진적인 재정·재무 관련 업무 방식을 왜국에 도입하여 야마토 조정의 삼장(재장·대장·내장)을 관리하게 되었다고 이해해도 무리가 없다.

외국인을 국가의 중요한 재정 담당자로 기용했을 리가 없다는 구마모토 가즈히로의 이해에 대해서는 왜국 출신의 씨족으로 백제조정에서 활동한 다수의 소위 왜계 백제 관료의 존재를 상기할 필요도 없이, 저명한 6세기의 사례로서 일개 규슈지방 호족 출신의 일라(日羅)를 백제가 최고의 관위인 달솔(達率: 16계 관위 중 제2위)을 부여해 관료로 채용했다는 점을 들면 씨의 의문을 해소하기에 충분하지 않을까.

소가씨 계보상에 보이는 가라코, 고마와 같은 한국풍의 이름이나 우마코·에미시·이루카 등의 동물과 관련된 이름이 자식을 강하게 키우려는 주술적 의미가 곁들여 있어서 그들의 출자를 말해주는 직접적인 근거가 되지 못한다고 하는 이해에 대해서도, 문제는 소가씨 집안의 이름 이외에 달리 이와 유사한 사례를 확인할 수 없다는 점이다. 따라서 이 점이야말로 소가씨가 재래의 왜국(일본)의 토착씨족이 아니라는 방증이 아닐까.

나아가 백제 출신의 소가씨의 조상 이름에 고구려를 의미하는 고려(高麗, 일본음은 고마)가 들어 있어서 부자연스럽다고 하는 이해에 대해서도, 백제와 고구려는 모두 북부여에서 나온 동족이라는 점, 실제로 백제가 538년에 웅진에서 사비(부여)로의 천도 후 국호를 '남부여'라 부른 사실을 전제로 하면 전혀 이상할 것이 없다.

또 만치와 만지(일본음은 마지)의 유사성도 부정할 수 없다. 즉 소가노마지(滿智)도 『일본서기』나 『삼국사기』에 4~5세기 백제 귀족으로 나오는 목만치(木滿致)와 같은 이름(智와 致는 동일한 발음)이므로 누가 보더라도 소가씨의 모태 씨족은 한반도인이 아닐까 하는 생각을 지울 수 없다. 5세기 말의 인물로 보이는 소가노마지의 경우 동일 시대에 동일한 이름을 가진 사람이 백제와 왜국에 동시에 존재하고 있었다고 상정하기는 극히 어렵기 때문이다. 소가씨 도래인설이 유력하게 제기되는 연유인 것이다.

요컨대, 이상을 통해 「기기」 이외의 사료가 전해주는 소가씨의 계보는 소가씨의 오리지널 출자(출신지)를 웅변하는 귀중한 자료라 할 수 있다. 즉 소가씨는 백제에서 건너온 도래인이며, 자신들의 왜국 내 거점 가운데 최종적으로 정착한 곳인 나라현에 위치한 '소가'라는 지역의 지명에서 유래한 성씨인 것이다.

소가씨의 성립

소가씨란 야마토(大和) 분지 남서부의 가쓰라기 지방에 기반을 둔 가쓰라기집단에서 이나메 대에 독립해 소가지방으로 그 근거지를 옮긴 집단이다. 다만, 이를 가쓰라기씨의 지족에 해당하는 집단이 멸망을 면해 살아남았고 그 잔당세력이 본종가 멸망 후에 현지에서 점차 세력을 확장해 마침내 제2의 거점이라 할 수 있는 다카이치(高市)군 소가(曾我)의 땅에 거처를 정하고 새롭게 소가(蘇我)라는 우지명(氏名)을 부르게 되었다고 해석(가토 겐키치)할 수도 있으나, 반드시 소가씨를 가쓰라기씨의 복수의 지족 가운데 하나로 생각할 필요는 없다(구라모토 가즈히로).

일본고대의 우지(氏)라는 정치집단 자체의 성립이「기기」에서 가쓰라기씨의 활약이 보이지 않게 되는 6세기 이후이기 때문에 원래 가쓰라기씨라는 정치조직이 존재했었다고 생각할 필요는 없다. 구라모토 가즈히로의 이해와 같이 6세기 초에 처음으로 우지라는 정치조직이 성립할 때 가쓰라기 지방을 기반으로 하는 복수의 집단 가운데 유력한 집단이 편성되어 소가씨로서 독립했다고 생각하면 충분하다.

남은 자들 가운데 소가씨 동족으로 독립한 것도 나타났으며, 거기에서 남은 자들이 소수나마 가쓰라기씨를 칭했기 때문에 그들은 현저한 활동을 남기지 못했고, 마치 가쓰라기씨 자체가 몰락한 것처럼 보인 것일 뿐이다.

소가씨는 가쓰라기 지방의 중동부에 해당하는 소가(曾我)지역에 진출했다. 가쓰라기 지방의 중심인 가쓰라기(葛城)히토고토누시(一言主)신사나 미야야마(宮山)고분에서는 직선거리 약 9킬로미터에 위치하는 지역이다. 진출했다고 보기보다는 원래가 소가(曾我)천 유역의 소가지역 주변을 지반으로 삼고 있던 집단일지도 모른다.

이 지역은 서쪽으로 가면 나니와(難波: 오늘날의 오사카 지

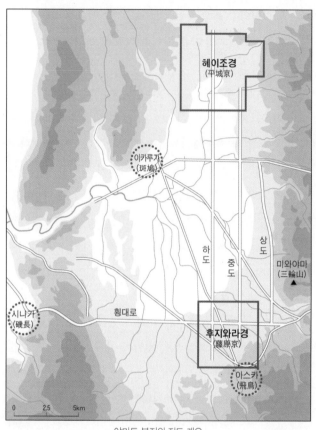

야마토 분지의 지도 개요

역)로 빠지는 가쓰시모(葛下) 사행(斜行)도로나 오사카도(大坂
道), 동으로 가면 이세(伊勢)에 도달하는 하쓰세도(初瀬道), 북으로 가면 야마토분지 북부로 향하는 스지가이도(筋違道, 훗날의 태자도), 남으로 가면 요시노(吉野)나 기이(紀伊)로 향하는 가쓰라기도(葛城道)나 고세도(去勢道)가 교차하는 그야말로 육상교통의 요충이었던 것이다. 나니와와 기이에서는 세토나이카이(瀨戶內海)를 통해 한반도나 중국으로 통할 수 있으며, 기이에서 해로를 취하면 동국(東國: 오늘날의 간토 지방)으로 향할 수 있다.

소가씨는 이 소가(曾我)의 땅을 기반으로 함으로써 우지(氏)로서 성립하여 가쓰라기집단 세력의 대다수를 산하에 두었다. 그리고 가쓰라기집단이 지니고 있던 정치력과 경제력, 한반도 외교의 장악과 도래인과의 관계, 나아가 대왕가와의 인척관계라고 하는 전통까지도 손에 쥐게 되었다고 생각된다. 소가씨라는 것은 갑자기 출현한 집단이 아니라 그 성립 때부터 돌출한 정치력과 경제력 그리고 존귀성을 왜왕권으로부터 인정받은 존재였던 것이다(구라모토 가즈히로).

소가씨의 가와치 아스카 진출

나아가 소가씨는 도래인이 다수 거주하고 있던 야마토의 아스카(飛鳥) 지방과 가와치(河內)의 이시카와(石川)지방에 진출했다. '을사(乙巳)의 변' 후에 소가씨의 씨상(氏上)을 계승했던 소가노구라(蘇我倉, 훗날 이시카와石川씨로 변경)씨가 가

와치국 이시카와군을 지반으로 하여 소가씨 전체의 씨족계
보를 만들어냈기 때문에 마치 소가씨가 가와치의 이시카와
에서 생겨난 것처럼 생각하기 쉬운 것이다.

아울러 이시카와 지방의 중심인 오늘날의 오사카부 미나
미가와치(南河內)군 다이시(太子)정 야마다(山田)까지는 소
가로부터는 직선거리로 약 12킬로미터이며, 소가노구라씨
의 분묘일 가능성이 큰 현 오사카부 미나미가와치군 가난정
(河南町)의 히라이시(平石)고분군까지도 소가에서 직선거리
12킬로미터 정도다. 다만 가쓰라기 지방의 중심에서는 히라
이시고분군까지는 약 7킬로미터에 불과하다. 이 지역은 곤
고(金剛)산맥의 서쪽에 해당하며, '일본 최고(最古)의 도(道)'
라고도 불리는 이와테미치(石手道, 훗날의 다케노우치竹內가도)
보다도 오래된 것이라고 하는 가쓰라기산 남쪽 기슭의 미즈
고에(水越)고개를 넘으면 의외로 가깝다고 한다(구라모토 가즈
히로).

히라이시(平石)고분군의 북쪽 구릉 위에 위치한 이치스카
(一須賀)고분군('지카쓰아스카近飛鳥풍토기의 언덕'이 위치한 지역)
이 백제에서 온 후미히토 집단(史: 훗날 가와치노후미西文씨를
칭하게 됨)을 매장한 군집분이라고 하면 소가씨는 바로 그 한
가운데에 진출한 것이다. 이를 통해서도 소가씨와 백제계 도
래씨족의 깊은 관련성을 알 수 있다.

마찬가지로 아스카는 소가에서는 직선거리로 약 6킬로미터 거리의 지역이다. 두 지역 사이는 가쓰시모(葛下) 사행도로로 연결되어 있다. 또한 아스카의 중심에서 남서 방향으로 약 3킬로미터가 채 안 된 지점에 아야(漢)씨로 대표되는 백제계 도래인이 집주해 있었던 히노구마(檜隈)가 있다. 당시는 다케치(高市)군(원래는 이마키今來군이었음) 일대에 훗날 야마토노아야(東漢)씨라 칭하게 되는 한반도 남부(특히 백제와 안라를 중심으로 하는 도래인들)의 도래계 집단이 분포·거주하고 있던 것이다. 따라서 아스카 지방은 그 한가운데에 존재했던 것이다. 이 지방의 도래인의 군집분으로 여겨지는 니자와센즈카(新澤千塚)나 오치오카(越智岡)고분군까지는 아스카의 중심에서 약 4킬로미터 정도다. 또한 시마노미야(島宮)나 소가노 우마코의 무덤인 이시부타이(石舞臺)고분이 있는 시마노쇼(島庄)에서 히노구마(檜隈)까지는 이와이도(祝戸)의 뒷산을 넘으면 약 2킬로미터 정도의 거리다. 또한 가쓰라기의 중심지와 아스카는 가쓰가미(葛上)사행도로로 연결되어 있다(이상, 구라모토 가즈히로 참조).

　소가씨는 문자를 읽고 쓰는 기술, 철 생산 기술, 대규모 관개수로공사의 기술, 건전(乾田), 스에키(須惠器), 견(錦)직물 등 대륙의 새로운 문화와 기술을 전한 도래인 집단을 지배하에 두고 조직하여 왜왕권의 실무를 관장함으로써 정치를

우마코의 저택이 위치한 시마노쇼 유적

주도하게 되었다. 이나메 이전부터 소가씨가 한반도정책·
도래인·창고(藏)의 관리와 같은 왕권의 정치조직의 몇 부문
을 담당하고 있었다는 의견(구마가이 기미오)도 있으나 오히려
가쓰라기 지방의 호족 가운데 그러한 직장을 담당하고 있던
가쓰라기집단의 중추적인 집단이 중심이 되어 소가씨로 독
립했다고 생각하는 편이 좋을 것이다.

그렇다고 보면 가쓰라기씨의 조상으로 설정된 소쓰히코
(襲津彦)가 초기의 도래인 집단을 장악하고 있었다는 전승이
있으며, 가쓰라기지방에도 도래계의 기술자가 거주했다는
전승이 『일본서기』에 전해지고 있으며, 난고(南鄕)유적군 등

의 집락유적에서도 도래계의 수공업 생산의 흔적이 다수 확인되고 있다(다나카 후미오).

'소가'라는 씨족명에 대해서는 거주지 주변에 서식하는 식물 '스가'(골풀)에서 유래한다는 설도 있다. 좀 더 주목되는 점은 소가씨의 거주지인 소가 지역에 '구다라가와(百濟川)' 즉 '백제천'이 존재한다는 사실이다. 이는 소가씨와 백제의 관련성을 시사한다. 한편 소가씨 가문의 계보 중 마지(滿智)·가라코(韓子)·고마(高麗) 등 한반도와 관련된 이름이 보이고 있다는 점, 소가씨가 그 아래에 아야(漢)씨·후네(船)씨 등과 같은 백제계 도래씨족을 다수 거느리고 있는 점, 소가씨 가문이 주도적으로 추진한 대외정책에 있어서 친백제 정책을 견지하고 있는 점, 목만치와 마지가 동일인물로 추정되며 백제 목(木)씨의 후예로 볼 수 있다는 점 등에서 소가씨 집안을 한반도 백제에서 건너간 도래계 씨족으로 보아도 큰 잘못은 없을 것이다.

소가씨의 조상은?

오토모(大伴)씨와 모노노베(物部)씨 등의 선조가 기기(記紀)신화 속의 신들을 그 조상으로 삼고 있는 것과 달리, 소가씨의 조상은 기기신화에 등장하지 않는다. 이 점은 소가씨가 신흥씨족이며 동시에 왜국(일본) 본래의 토착 씨족이 아니라는 점을 시사하고 있다.

소가씨의 조상에 대해서는『고사기』고겐(孝元) 천황단에 보이는 계보에서 게이코(景行) 천황부터 닌토쿠(仁德) 천황까지 6대에 걸친 천황을 섬겼다는 전설적인 장수 다케우치노스쿠네(建內宿禰 혹은 武內宿禰)라는 인물이 있는데, 그의 9명의 자식(7남 2녀) 가운데 하나인 소가노이시카와노스쿠네(蘇我石河宿禰)라는 인물의 후예가 바로 소가씨 등 7집안이라고 분주에 적고 있다. 이 고겐 천황단의 분주의 계보는 덴무(天武) 천황 때인 684년에 있었던 '8색의 성(姓)' 하사 씨족과의 깊은 관련성이 지적되어 있어서 이 소가씨 계보의 완성은 덴무 천황의 조정일 것으로 여겨지고 있다(우에다 마사아키上田正昭,『歸化人』).

이와 관련해서는『일본서기』가 다케우치노스쿠네와 소가씨와의 직접적인 계보관계를 말해주고 있지 않다는 점도 주의를 요하며, 무엇보다도 다케우치노스쿠네와 관련된 전설 자체가 7세기 이후의 산물이라는 점도 참고할 필요가 있다.

이나메의 조상으로 보이는 소가노마지(蘇我滿智)에 대해서는『일본서기』리추(履中) 천황 2년 10월조와 807년에 성립한『고어습유(古語拾遺)』에 보이는데, 후자에서는 마지(麻智 혹은 滿智로 표기)가 삼장(三藏: 齋藏·內藏·大藏)을 관리했다고 전하고 있다. 헤이안(平安)시대 말부터 가마쿠라(鎌倉)시

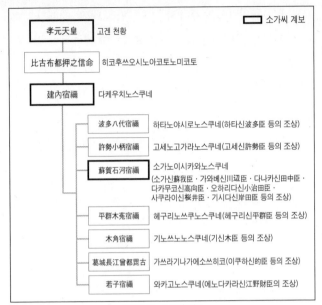

다케우치노스쿠네 계보

대 초기 무렵에 성립한 『공경보임(公卿補任)』에도 마지에 관한 전승이 보이고 있다.

소가씨의 직장(업무)

마지와 관련한 이러한 사료를 통해 소가씨의 조상이 야마토 조정의 장관(藏官) 즉 국가의 재정을 담당하는 관리로 임명되었다는 소전은, 실제로 국가재정의 출납사무 관계자 가운데에는 왕인박사의 후예씨족인 구라(藏)씨의 존재가 말해주는 것처럼 한반도에서 도래한 씨족들의 후예들이 많다는 점이나 소가씨가 이마키노데히토(今來才伎)라 불리는 5세기 이후에 백제에서 건너온 새로운 도래씨족들과의 깊은 관련성을 전제로 하여 정부 내 관인(官人)들의 수장이 되어가는 사정을 함께 고려하면, 소가씨의 야마토 조정 내의 직장 문제를 생각하는 데 있어 무시할 수 없는 전승이다.

소가 가문 번영의 배경 – 소가노 마지

긴메이 천황 대 이후 소가씨 가문이 전성기를 맞은 것은 그 이전에 이미 상당한 세력을 축적했기 때문이었다. 소가 가문은 5세기 후반 유랴쿠 천황의 조정에서 국가의 재정과 직접 관련된 삼장을 관리하였던 소가 마지가 하타(秦)씨·아야(漢)씨 등의 도래계 씨족의 가문들과 밀접한 관계를 유지하며 그 세력을 크게 키웠다. 유랴쿠 천황의 시대가 시작되면서 소가 씨 가문의 일족인 가쓰라기씨 가문이 멸망했으나, 소가씨 가문은 이전 가쓰라기씨 가문이 소유하고 있던 한반도에서 건너온 기술자, 즉 공인 집단을 자신들의 관리 아래에 두었다. 이는 소가노 마지가 왜국 내에서 권력을 강화하는 중요한 기초가 되었다.

『기씨가첩(紀氏家牒)』과 『공경보임(公卿補任)』에는 마지(滿

智)의 아들은 가라코(韓子), 손자는 고마(高麗)라 되어 있다.
이러한 인명은 소가씨 가문이 한반도와 밀접하게 관련되었
음을 추측하게 하며, 적어도 소가씨 가문이 도래계 가문과
깊은 관련이 있음을 추측하게 한다. 결국, 소가씨 집안은 5세
기 후반의 유랴쿠 천황 시절에 활동한 마지가 조정의 재정
과 외교에 관한 권한을 장악하였고, 선진(최첨단)의 기술을
보유한 도래계 씨족을 실무로 고용·관리하면서 가문의 부를
축적하였으며, 그 부가 6~7세기의 이나메·우마코·에미시·
이루카로 이어지는 4대 100년의 번영을 가져왔다고 할 수
있다.

이나메와 긴메이 천황

   고대 일본 최대의 권력 가문인 소가씨의 실질적인 시조는
이나메라 할 수 있다. 그의 행적은 긴메이 천황의 등장과 함
께 두드러진다. 이하, 긴메이 천황 시기 이나메의 행적을 불
교의 공전 문제와 긴메이의 즉위 사정, 대신(大臣, 오오미) 임
명과 긴메이 천황과의 인척(외척) 관계 성립과정 등을 통해
살펴본다.

소가 가문 번영의 기초-소가노 이나메

센카(宣化) 천황 조정에서 최고의 지위인 대신(大臣, 오오
미)이 된 우마코의 아버지 소가노 이나메는 긴메이 천황의
조정에서도 딸들을 천황 가문에 시집보내 외척관계를 형성
했다. 이후 요메이(用明)·스슌(崇峻)·스이코(推古)의 3천황을
낳았고, 이어 그 아들 우마코와 손자 에미시가 대신이 되었
다. 소가 가문은 645년 6월의 을사의 변으로 에미시·이루카
부자가 주살되어 본가(종가)가 멸망할 때까지 커다란 권세를
떨쳤다. 이나메·우마코·에미시 3대에 걸쳐 소가 가문이 전
성을 구가한 것은 다름 아닌 천황 가문과의 외척관계를 확
립함으로써 정치 기반이 안정되었고, 이것이 다음 대의 대신
(大臣)으로 계승되어 그 위세를 장기간 유지할 수 있었기 때
문이다.

천황 가문과 조정도 외척 소가 가문의 비호 아래 권력을
강화할 수 있었다. 긴메이 천황 시기에 대신이었던 이나메에
의한 기비(吉備)·야마토(大和)·기이(紀伊) 지역의 선진적인
미야케(屯倉) 경영, 적극적인 불교 수용은 다음 대의 대신인
우마코에게 그대로 계승되었다.

즉 스이코 천황 때에 우마코는 소가씨 집안의 씨사(氏寺)
이자 일본 최초의 사찰인 아스카데라(飛鳥寺)를 건립하여 불
교를 융성시켰다. 스이코 천황이 죽은 후에 발생한 황위 계

승을 둘러싼 분규로 인해 일족의 분열과 소가 가문 본가의
멸망을 부른 대신(大臣) 에미시도 조묘(祖廟)의 건설에 쇼토
쿠(聖德) 태자 집안의 백성들을 마음대로 일을 시키는 등 여
전히 이나메 이래의 권세를 그대로 지니고 있었다.

불교의 공전-긴메이조

긴메이(欽明)조에 있어서 최대의 사건은 불교의 왜국(일본)
전래다. 구체적인 공전시기에 대해서는 538년, 552년, 그리
고 548년(上田正昭)의 3설이 있다.

『일본서기』에서는 긴메이 천황 임신년(552년)에 백제의
성명왕(성왕)이 석가금동상 1구(1체)와 번개 약간, 경론 약간
을 보내왔다고 적고 있고,『상궁성덕법왕제설(上宮聖德法王帝
說)』과『원흥사가람연기병유기자재장(元興寺伽藍緣起幷流記資
財帳)』 등에서는 긴메이 천황의 무오년(538년)에 전래했다고
전하고 있다. 양설이 대립하고 있으나 한편 양자의 절충설로
무오년이 공전년이고 임신년은 예불의 가부를 군신에게 자
문한 해라는 견해도 제시되어 있다.

또한 불교의 공전에는 승려의 존재가 필수적인 사항이라
는 점에 주목하여 무진년(548년)에 백제로부터의 불교공전이
있었다는 설도 제시되어 있다. 현재에는 무오년 즉 538년 설
을 왜국에의 불교공전 시기로 보는 이해가 유력한 상황이다.

그 구체적인 시기가 어찌 되었든 백제의 성왕이 긴메이 천황에게 불교를 전한 사실은 분명하며, 당시 이 불교의 공전 과정에 깊이 관련된 인물이 긴메이 천황 대의 대신(大臣)이었던 소가노 이나메였다는 점은 의심의 여지가 없다. 그 과정을 좀 더 구체적으로 살펴보기로 한다.

고구려·백제·신라 및 왜국의 불교 전래 과정과 특징

고구려와 백제에서 불교의 수용을 둘러싸고 논쟁 혹은 대립이 발발한 형적은 전혀 찾아볼 수 없다. 그러나 신라와 왜국(일본)에서는 봉불·배불의 극심한 항쟁이 있었다. 신라에 대해서는 『삼국사기』 「신라본기」에 다음과 같은 사정을 전하고 있다. 즉 528년(법흥왕 15년)에 왕이 불교를 흥륭시키고자 중신들에게 의견을 구하였으나 근신의 강한 반대에 직면하였다. 이에 이차돈이 나서 순교, 즉 스스로 죽음을 택하여 하얀 피를 분출하여 신의 존재를 보여줌으로써 결국 신라에 불교가 수용되었다는 잘 알려진 이야기다.

일본이 불교를 받아들인 시기는 백제 성왕이 사신을 파견하여 석가불금동상 1구, 약간의 번개와 경론을 보낸 552년으로 추정된다. 그러나 『상궁성덕법왕제설(上宮聖德法王帝說)』 『원흥사가람연기병유기자재장(元興寺伽藍緣起幷流記資財帳)』에 538년이 확인되어 그 시기를 둘러싸고 의견이 양분되었다. 현재로서는 538년이 유력시되고 있다. 지배층의 주도 하에 야마토 정권에 수용된 불교는 기존에 있었던 신기(神祇, 하늘의 신과 땅의 신) 신앙과 융합하면서 세상에 널리 퍼졌다. 당시 사찰은 고훈(古墳)시대에 전방후원분의 조영이 그랬던 것처럼 일족의 위세를 과시할 수 있는 중요한 상징물이기도 했다.

6세기에 기나이(畿內)의 대표 씨족 집단은 왜국 내에서의 정치적 신분·지위를 나타내는 가바네(姓)가 오미(臣)와 무라지(連)였는데, 이 씨족그룹들의 대표를 각각 대신(大臣, 오오미)과 대련(大連, 오무라지)으로 불렀다.

536년 센카(宣化) 천황이 즉위하자 소가노 이나메는 대신이 되어 570년 3월 긴메이 천황이 죽기까지 무려 34년간 그 지위를 역임했다. 원래 대신을 배출했던 가문은 가쓰라기(葛城) 가문과 헤구리(平群) 가문이었다. 그러나 이들이 멸망하자 소가 가문은 야마토 조정에서 대련인 오토모(大伴) 가문, 모노노베(物部) 가문과 함께 3대 세력을 형성하게 되었다.

그러던 중 오토모 가문이 게이타이(繼體) 천황을 중심으로 한 신흥 왕조의 등장으로 인해 세력을 상실하게 되었다. 그러자 이나메와 모노노베노 오코시(御輿)가 불교 수용의 여부를 놓고 각축을 벌이게 되었다. 이것이 바로 587년 모노노베노 모리야(守屋)가 이나메의 아들 우마코에 의해 척결되기

전까지 2대에 걸쳐 지속된 모노노베 가문과 소가 가문 사이에 벌어진 숭불(崇佛) 논쟁의 시작이다.

불교를 둘러싼 공방—숭불·배불논쟁

왜국에서 신라의 경우와 마찬가지로 불교수용을 둘러싼 대립 즉 숭불·배불논쟁이 있었다는 점은 『일본서기』(欽明紀)와 『일본영이기』(상권, 제5화)에 자세히 전하고 있는데, 『일본서기』가 전하는 바에 따르면, 긴메이 천황 13년 10월조에 대왕이 군신에게 예불을 자문했는데 소가대신(大臣) 이나메는 숭불을 주장하였고 모노노베노오오무라지 오코시(物部大連御興)와 나카토미노무라지 가마코(中臣連鎌子)는 반대하여 소가씨가 예배한 불상을 나니와(難波: 오늘날의 오사카)의 호리에(掘江)에 버렸다고 전한다. 나아가 비다쓰(敏達) 천황 14년 3월조에는 모노노베노오무라지 모리야(守屋)와 나카토미노무라지 가쓰미(勝海)가 역시 숭불을 비난하며 불상과 불전을 불태우고 타다 남은 불상을 나니와의 호리에에 버렸다고 기술하고 있다. 이상을 통해 알 수 있는 것처럼 백제 성왕이 공전한 불교는 왜국의 궁전 내에 숭불·배불의 항쟁을 야기했는데, 이 항쟁은 소가노 우마코 대에 이르러 마침내 결착을 보게 된다.

이나메, 불교를 적극적으로 수용하다

소가노 이나메는 독실한 불교 신자였다. 긴메이 천황은 백제에서 보내온 불상 등을 보고 이것을 수용해야 할지에 대해 군신에게 의견을 물었다. 이때 이나메는 "서쪽에 있는 번국(蕃國)이 모두 예배합니다. 왜국만 어찌 홀로 등지겠습니까?"라고 했다. 그러자 모노노베노 오코시와 나카토미노 무라지 가마코가 "우리나라에서 천하를 다스리는 자는 항상 천지사직(天地社稷)의 180신을 춘하추동으로 제사를 지내며 섬겨왔습니다. 지금에 와서 번신(이국의 신)으로 바꿔 제사를 지낸다면 국신(國神)의 노여움을 살까 두렵습니다" 하고 반대했다.

긴메이 천황이 불상을 이나메에게 맡기자 이나메는 불상을 보고 매우 기뻐했다. 그러고는 오하리다(小墾田)에 있는 자기 집에 안치하여 부지런히 불도를 닦았을 뿐만 아니라 무쿠하라(向原)에 있는 자기 집을 내놓아 절로 삼았다. 이렇게 이나메가 불교를 적극적으로 수용했던 이유는 물론 개인적 신앙도 있었지만, 도래인과 친밀한 관계를 유지하고 있었던 이나메가 도래인의 인심을 얻기 위해서였다.

그런데 그즈음에 역병이 유행하여 사망자가 속출하기 시작했다. 그때 이나메와 대립관계에 있던 모노노베노 오코시는 국신의 노여움을 샀기 때문이라고 하여 긴메이 천황의 승인을 얻어 불상을 나니와에 있는 호리에에 버리고 절을 불태웠다. 이것이 바로 최초의 '파불(불교가 핍박받는 일)'이다.

이나메가 죽은 뒤 그의 아들 우마코는 비다쓰 천황에게 불교 수용을 요청했고, 천황은 이를 허락했다. 그러나 이때 역병이 다시 유행하자 오코시의 아들 모리야와 나카토미노 가쓰미는 번신(이국의 신)을 받아들였기 때문에 역병이 발생했다고 주장하며 불법을 배척할 것을 요구했다. 이에 비다쓰 천황은 이들의 요구를 받아들였다. 이에 모리야는 탑을 부수고 사찰을 불사르고 불상을 바다에 던져버렸다. 그리고 왜국 최초의 비구니이자 왜국 최초의 백제유학승인 시바닷토(司馬達等)의 딸 젠신니(善信尼)와 그의 제자인 에젠니(惠善尼), 젠조니(禪藏尼)를 체포하여 옷을 벗겨 맨몸으로 쓰바이치라는 저잣거리로 끌고 가서 군중이 보는 앞에서 채찍질했다고 한다. 이처럼 숭불파와 척불파의 대립은 비다쓰 천황의 뒤를 이은 요메이 천황 통치 시기에도 계속되었다.

다만, 숭불 논쟁에서 배불파를 대표하는 모노노베(物部)씨나 나카토미(中臣)씨가 그 후에도 배불을 관철하고 있었던 것은 아니다. 왜냐하면 모노노베씨도 자기 집안의 절인 씨사(氏寺)를 운영하고 있었고, 나카토미씨 역시 씨사를 건립했다. 예를 들면 제관이었던 나카토미노 구니타리(中臣國足)는 나카토미데라(中臣寺)를 조영하고 있다(『존비분맥(尊卑分脈)』).

따라서 숭불·배불논쟁은 불교 즉 '번신' '타국의 신' '인국의 객신상' '불신상'의 수용을 둘러싼 왜 왕권 내의 주도권 싸움이었다고 할 수 있다. 결국 이나메 주도의 불교 독점에 일본 재래의 고유신·토착신을 섬겨온 모노노베씨와 나카토미씨가 대표해서 반대를 표명한 것이었다고도 할 수 있다.

아스카문화의 모체는 백제의 불교문화

스이코(推古)조를 중심으로 하는 아스카문화의 시대가 일본 고대의 불교문화의 개화기이며 그 국제성은 특히 백제를 중심으로 하는 한반도와 관련된 도래 문화로 채색되어 있다. 다만, 아스카문화에는 백제불교만이 아니라 고구려·신라의 불교도 수용되어 있고, 여기에 더하여 견수사·견당사 파견에 의해 도입된 중국불교의 요소도 있었다. 나아가 아스카문화는 불교 외에 유교·도교의 요소가 확인되며, 혹은 토목·건축·기술은 물론 더 나아가 예능 등 다방면으로 수용되고 있었다.

무엇보다도 이러한 아스카문화의 국제성의 중핵을 이루는 것은 한반도 삼국으로부터의 도래 문화라는 점을 경시해서는 안 된다. 동아시아의 불교사와 불교문화를 천축(인도)·당·일본의 루트로만 생각하려는 종래의 일본학계의 통설적 시각은 근본적인 문제가 있음을 다시 확인할 필요가 있다.

소가씨 최초로 외척이 되다

이나메와 긴메이 천황

게이타이(繼體) 천황의 정통한 계승자로서 6세기 중반부터 30여 년간 왜국 정치의 중심에 있던 천황이 바로 긴메이 천황이며, 이 긴메이 천황을 옹립하고 지탱한 최대의 후원자가 바로 소가씨의 실질적인 시조라 할 수 있는 대신(大臣, 오오미) 이나메였다.

외척으로서의 권력자 – 그 시초는?

고대 일본에 있어 정치권력을 장악하는 가장 확실하고 쉬운 방법은 천황가의 외척이 되는 것이며 그 원형은 가쓰라기(葛城)씨와 와니(和邇)씨의 경우에서 찾을 수 있다. 그리고 가쓰라기씨와 와니씨 이후에 등장하는 소가씨 또한 한발 앞서 보여준 가쓰라기씨나 와니씨가 밟고 간 역사의 전철을 보다 세련되게 따랐을 뿐이다. 말하자면 소가씨는 다른 씨족을 능가하는 더 훌륭한 학습자였다. 무엇보다도 천황가와의 관계에서 그렇고, 도래인·도래씨족과의 관련에서도 그렇다.

가쓰라기씨와 황실 관계

가쓰라기(葛城)씨는 야마토(大和)국 가쓰라기 지방(朝妻·

液上: 오늘날의 나라현 기타가쓰라기北葛城군·야마토다카다大和高田시·고세御所시 일대)을 본거로 하는 씨족으로 가바네와 출자를 보면 오미성(臣姓)의 황별과 아타이성(直姓)의 신별이 존재하고 있다. 특히 전자는 5세기에 대왕가의 외척으로 중요한 역할을 하였고, 역사상 중요한 인물을 다수 배출하였다. 특히, 닌토쿠(仁德) 천황의 황후로 리추(履中)·한제이(反正)·인교(允恭) 3천황의 어머니인 이와노히메(磐之媛)는 소쓰히코(襲津彦)의 딸이며, 소쓰히코의 손녀인 구로히메(黑媛)는 리추 천황의 황후로 이치노베노오시하(市辺押羽) 황자를 낳았다.

아시타노스쿠네(葦田宿禰)의 딸인 하에히메(荑媛)도 이치노베노오시하 황자와의 사이에 훗날 천황이 되는 닌켄(仁賢)·겐소(顯宗)를 낳았으며, 나아가 가쓰라기노쓰부라(葛城圓) 대신(大臣)의 딸인 가라히메(韓媛)도 유랴쿠 천황의 비(妃)가 되어 세이네이(淸寧) 천황을 두었다.

이렇듯 가쓰라기씨는 소쓰히코(襲津彦) 이후 전형적인 외척씨족으로 권력자의 길을 걷게 된 최초의 케이스라 할 수 있다. 그러나 가쓰라기씨의 권력은 소가씨의 경우처럼 장기간 지속되지 못하고 유랴쿠조(雄略朝)에 이르러 쓰부라(圓) 대신의 소살(燒殺)로 몰락했다.

참고로 종래, 이 가쓰라기씨의 실체를 둘러싸고는 다양한 이해가 제시되고 있다. 규슈(九州)를 신왕조의 발상지로 보는 '오진(應神)왕조론'에서는 소쓰히코(襲津彦)와 구마소(熊襲: 규슈 남쪽에 거주한 이민족 집단)의 관련성이 지적되고 있고, 야마토(大和: 오늘날의 나라현)에서 가와치(河內: 오늘날의 오사카 지역)로의 왕조교체를 주장하는 '가와치(河內)왕조론'에서는 신왕조를 대왕가와 함께 지탱한 중심세력으로 상정하고 있다.

가쓰라기씨와 도래인의 관계

양자의 관련성은 문헌과 유적을 통해 확인된다.

문헌: 4읍 한인(四邑漢人)

『일본서기』 신공기 5년 3월조에 소쓰히코(襲津彦)가 한반도의 기술자집단을 데려와 가쓰라기 지역에 살게 한 전승이 보이는데, 이들의 배치 지역에는 도래인과 관련된 고대의 공방유적(工房跡)이 검출되고 있다. 나라현 고세(御所)시에 위치한 나가라(名柄)유적과 단야(鍛冶) 생산유적으로 유명한 와키타(脇田)유적이 대표적이다.

유적: 난고(南鄕)유적

나라현 고세시에 위치한 난고유적군에서 5세기 전반부터 도래인의 집주(거주)와 생산 활동이 확인되었는데, 특히 난고

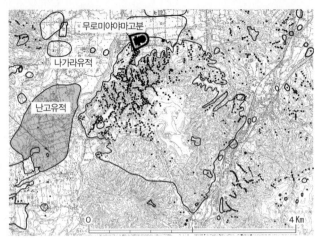

무로미야야마고분

나가라유적

난고유적

0   4 Km

주변의 유적 분포도

쓰노다(角田)유적을 중심으로 철기나 옥 등의 수공업 제품의
생산이 대규모적이고 복합적으로 행해지게 되었다. 이 난고
유적군의 공인들은 가쓰라기씨 집단(가쓰라기 지방을 거점으로
한 재지토호의 연합세력)에 의해 가쓰라기 각지에 배치되어 사
적인 지배하에 놓인 도래계 집단으로 볼 수 있다.

또한 난고야스다(南鄕安田)유적에서 발견된 3중의 기둥 열
로 이루어진 대형굴립주(大型掘立柱)건물(면적 289제곱미터)이
나 고쿠라쿠지(極樂寺)히비키(ヒビキ)유적에서 검출된 같은
구조의 대형건물(면적 220제곱미터)은 난고유적군의 공인들을
장악한 가쓰라기씨의 제전 혹은 거관(居館)의 본채에 해당하

는 고층건축물·고전(高殿)으로 이해되고 있다(가토 겐키치加藤
謙吉, 2017).

이상과 같이 5세기 대표적인 외척세력인 가쓰라기씨의 경
우에도 당대의 신라 및 가야지역 출신의 도래인을 다수 배
하에 장악하여, 자신들의 가산(家産)에 편입시켜 각종 생산
활동에 종사시켰음을 알 수 있는데, 그 결과가 뛰어난 경제
력과 군사력으로 이어지게 되었고 그것이 야마토 왕권 내의
가쓰라기씨 집단의 정치력 즉 권력의 중요한 자양이 되었음
은 두말할 나위가 없다.

와니씨와 야마토 왕권의 관계

야마토 왕권의 외척으로 빼놓을 수 없는 또 하나의 존재
가 바로 와니(和珥)씨다. 와니씨는 화이(和珥)·화이(和邇)·화
이(和爾)·환이(丸邇)·환(丸) 등 다양한 한자 표기로 나타내는
데, 일본음으로는 모두 '와니'다. 이 집안은 5세기부터 6세
기 후반에 걸쳐 커다란 세력을 지닌 야마토(大和) 지역의 웅
족(雄族)이다. 오진(應神)·한제이(反正)·유랴쿠(雄略)·닌켄(仁
賢)·게이타이(繼體)·긴메이(欽明)·비다쓰(敏達) 등 7명의 천
황에게 총 9인의 후비(后妃)를 제공하고 있는 천황가 최대의
외척씨족이다. 이 후비의 숫자는 일본고대의 외척씨족을 대

표하는 가쓰라기씨나 소가씨에 비해 절대 뒤지지 않은 숫자다. 그 활동의 시기에서도 가쓰라기씨의 몰락 이후, 소가씨가 대두하기 시작하는 사이에 걸친 과도기에 해당한다.

다만, 와니씨의 경우는 외척이긴 하지만 와니(和邇)씨계 후비 소생의 왕자(황자)가 직접 황위에 오른 적은 없다. 따라서 가쓰라기씨나 소가씨의 경우처럼 직접 외척으로서 정치권력을 장악한 인물을 확인하기는 어렵고, 오히려 와니씨의 피를 이은 왕녀(황녀)들이 재차 다음 천황의 후비가 되는 점에 커다란 특징이 있다고 할 수 있다. 소위 천황가라는 로열 패밀리를 확대재생산하는 중요 구성원이라 할 수 있다.

바로 이 점이 와니(和珥)씨가 일본 고대 정치사의 표면에 나타날 수 없었던 최대 요인이라 여겨진다. 당연 일족으로부터 유력한 대신(大臣)이나 대련(大連)에 취임한 인물도 나오지 않고 있다. 그러한 점에서 보면 와니씨는 어쩌면 소가씨의 훌륭한 반면교사의 역할을 하지 않았을까.

이나메 대신정치의 시작 – 소가씨 권력의 탄생

야마토 조정의 권력자 오오미(大臣)의 추이와 동향

헤구리(平群)씨의 뒤를 이어 대신(大臣, 오오미)의 지위에 올라 왜국 내 정치권력을 행사한 집안은 야마토국 다카이치 군 고세(巨勢)향을 본거지로 한 고세씨(씨족명의 한자는 許勢 혹은 巨勢로 표기함)였는데, 이 씨족도 나라 분지 서남부를 거점으로 하는 오미(臣)그룹에 속하고 있었다.

게이타이(繼體) 천황 시대의 대신이었던 고세노오히토(許勢男人) 대신이 529년(게이타이 23년)에 죽게 되자 이어 대신으로 유력시된 것이 역시 나라 분지 남서 지역에 기반을 구축하고 있던 아야(漢)씨 등의 신흥 도래계 씨족과 결합한 소가씨였다.

게이타이 천황 사후의 긴메이(欽明) 천황의 옹립에는 이 소가씨가 그 배후에 있었다. 긴메이 천황의 비로 소가씨 일족이 소가노 이나메의 딸인 기타시히메(堅塩媛)와 오아네노기미(小姉君)를 들인 것은 소가씨가 긴메이 천황과 밀접한 관계에 있었음을 잘 말해주고 있다.

즉 긴메이 천황의 배후에는 소가씨가 있었고, 안칸(安閑)·센카(宣化) 천황의 지지 세력으로는 오토모(大伴)씨가 있었는데, 안칸-센카 양조의 소멸과 함께 그 배후에 있던 오토모씨가 실각한 것은 그들이 지지한 안칸 천황의 사망으로 인해 그 왕권이 소멸되었기 때문이다. 『일본서기』에 따르면 소가노 이나메가 처음으로 대신(大臣)의 지위에 임명된 것은 안칸 천황 때가 아닌 긴메이 천황 때에 이르러서다. 즉 긴메이 천황의 옹립으로 그 최대의 지지 세력이었던 소가씨 가문의 이나메가 오토모씨를 대신해 야마토 조정 최고의 집정관 자리인 대신(大臣)의 지위에 오르게 된 것이다.

게이타이 신왕조의 성립

6세기 초에는 5세기 이래의 대왕가(大王家)가 몰락하고 새로운 왕자가 출현하였다. 바로 게이타이(繼體) 천황이 그 주인공이었다. 『일본서기』에 따르면 5세기 대왕가의 피를 계승한 부레쓰(武烈) 천황이 후사가 없이 죽자, 오진(應神) 천황의 5세손인 오오도(男大迹) 왕을 군신들이 추대하여 천황으로 옹립하였다고 기술되어 있다.

지금의 교토 북부에 위치한 오미(近江: 오늘날의 시가현) 지역과 지금의 호쿠리쿠(北陸) 지역인 고시(越)지역에 세력기반을 가지고 있던 오오도 왕은 기나이(畿內) 이외의 지역에 기반을 두고 있던 인물로서 그는 즉위 후에도 20여 년 동안이나 야마토(오늘날의 나라현) 지역 안에 궁을 건설하지 못하였다고 한다. 『일본서기』에는 모든 군신의 추대로 그가 즉위한 것처럼 기술되어 있으나 20년 동안이나 야마토 지역으로 들어가지 못한 것은 『일본서기』의 기술과는 달리 그만큼 그의 즉위에 반대하는 야마토 토착세력의 존재가 만만하지 않았다는 것을 말해준다. 또한 그의 혈통을 나타내는 오진(應

神) 천황의 5대손이란 점도 『일본서기』가 그가 5세기 대왕가의 혈통이며 따라서 왕통이 단절됨이 없이 왕위계승이 이어졌다는 점을 강조하기 위해 만든 것에 불과한 것으로, 역사적 사실의 반영이라고 생각하는 사람은 많지 않다.

따라서 오오도 왕의 즉위는 기나이(畿內) 이외의 지역에서 새로운 왕자가 나타나 야마토로 진입하여 새로운 왕조를 세운 것으로 보는 해석이 일반적이다. 다시 말해 오오도 왕의 즉위, 즉 게이타이(繼體) 천황의 등장은 야마토 지역에 이전과는 혈통이 다른 새로운 왕조가 성립하였음을 말한다.

오늘날에도 이 게이타이 천황의 혈통이 이어지고 있다. 즉, 지금의 일본 천황은 계통적으로 따지고 올라가면 바로 이 게이타이 천황의 자손이 되는 것이다. 이것은 다시 말하면 6세기 초에 성립한 게이타이 천황의 왕조는 이후 무너지는 일 없이 일본열도 전체의 최고 지배자 가문으로 발전하였음을 의미한다. 물론 내부적으로는 왕위계승분쟁도 있었고 분란이 끊이지 않았지만, 전체적으로 대왕가의 왕통은 게이타이 천황의 등장 이후 안정적으로 확보되었으며, 다른 가문으로 대체되는 일은 한 번도 일어나지 않았다. 메이지시대 이후의 근대에 들어 일본천황가의 만세일계를 표방하게 되는 이유이기도 하다.

아스카시대의 개막

　게이타이 왕조의 성립(507년) 이후를 그 이전 시기와 비교
해보면 두드러진 변화가 보인다. 그 가운데 주목되는 점이
대왕이 기거하는 궁이 아스카(飛鳥: 오늘날의 나라현 남부)지역
을 중심으로 조영되기 시작했다는 사실이다. 4, 5세기까지
대왕의 궁은 야마토 지역에서 지금의 오사카(大阪) 지역으로
도 이동하는 등 그 위치가 일정하지 않았다.

　하지만 6세기 이후에는 비록 궁이 이동은 하지만 아스카
지역 내에서만 장소를 달리하게 되었다. 이것은 7세기 후반
에 건설된 일본 최초의 도성(都城)인 후지라와쿄(藤原京)의
조성과 8세기 초의 헤이조쿄(平城京)의 조영이 이루어질 때
까지 지속되었다. 이렇게 왕도의 기능을 하는 곳이 6세기부
터 7세기 후반까지 아스카(飛鳥) 지역에 집중되어 나타났던
이 시기를 가리켜 통상 '아스카(飛鳥)시대'라고 한다.

　아스카 지역은 5세기 말 이후 한반도에서 건너간 도왜인
(渡倭人, 일본에서는 보통 도래인渡來人이라 함)들이 집단으로 거
주하면서 개간 등을 통하여 지역개발을 주도한 곳으로도 유
명하다. 아스카시대의 개막에는 이러한 도왜인 집단들의 공
로가 숨어 있었다.

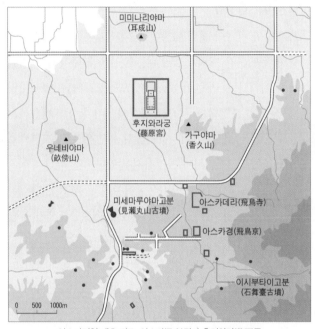

미미나리야마
(耳成山)

후지와라궁
(藤原宮)

가구야마
(香久山)

우네비야마
(畝傍山)

미세마루야마고분
(見瀬丸山古墳)

아스카데라(飛鳥寺)

아스카경(飛鳥京)

이시부타이고분
(石舞臺古墳)

0 500 1000m

아스카지역 개요 지도-아스카(飛鳥)경과 후지와라(藤原)궁

전국적 지배체제의 형성

게이타이(繼體) 왕조의 성립과정에는 야마토 세력의 일시
적 분열현상도 있었으나 야마토 정권은 이 위기를 극복하고
지역 세력에 대한 통제를 강화하기 시작하였다. 과거 거대고
분을 조영하였던 지역의 세력들은 적어도 5세기 말 6세기라
는 시대를 통하여 야마토 정권에 제압당한 것으로 생각된다.

오늘날 오카야마(岡山) 지역의 강대 세력이었던 기비노오미(吉備臣) 씨족은 5세기 말에 야마토 세력에게 제압당하여 그 세력이 약화되었으며, 오늘날 규슈 지역의 세력가였던 쓰쿠시노키미(筑紫君) 씨족은 게이타이 천황의 재위 시절에 야마토 세력과 사활을 건 싸움을 전개한 것으로 유명하다. 흔히 '쓰쿠시노키미 이와이(磐井)의 난'(527년)으로 불린다. 『일본서기』에는 이와이가 규슈 북부의 세력을 결집하여 신라와도 연결을 꾀하며 야마토 정권과 1년 반 이상이나 싸웠다고 기록되어 있다.

한편, 오늘날의 간토(關東) 지역에 세력을 형성하고 있던 게누노키미(毛野君) 일족도 『일본서기』에 따르면 늦어도 6세기 중엽 이전에 야마토 정권에 복속된 것으로 보인다. 이러한 지역 세력들이 평정됨으로써 야마토 정권은 바야흐로 기존의 '전국적 호족 연합 정권'의 성격에서 벗어나 일본열도를 지배하는 유일하면서도 명실상부한 지배자 집단이 되었다. 그리고 이러한 단계의 야마토 정권은 이제 단순한 하나의 정권이 아니라 '야마토 조정(大和朝廷)'이라고 불러도 좋을 것이다.

야마토 조정(朝廷)은 각지의 지역 세력을 점차 자신들의 지방 세력으로 재편하면서 마침내 일본열도의 통일정권으로서의 지배체제를 구축해나갔다. 6세기 이후에 나타난 야마토 정권의 일본열도 전역을 대상으로 한 지배체제로는 다음과 같은 제도들이 있었다.

첫째, 구니노미야쓰코제(國造制)다. 구니노미야쓰코는 과거 각 지역의 토착 호족들을 야마토 정권이 복속시킨 후 부여한 명칭이다. 야마토 정권은 이들 토착 호족들이 그대로 토착 지역의 땅과 사람들을 지배할 수 있게 인정하면서 한편으로는 야마토 왕권에 일정한 복속 의무를 부과하였다. 즉 구니노미야쓰코는 일족의 자제와 딸을 야마토 대왕의 궁에 보내 대왕에게 봉사하게 하였다.

자제의 경우는 왕궁의 경호 등의 임무에 종사하게 하였는데 이들을 '도네리(舍人)'라 한다. 딸의 경우는 대왕에게 시중을 드는 궁녀가 되었다. 이들을 '우네메(采女)'라고 한다. 그리고 이들 구니노미야쓰코의 자제와 여식들이 왕궁에 올라와 봉사하는 것은 일종의 복속 징표로 여겨졌다. 한편, 구니노미야쓰코는 때로는 자신의 지배지 중에서 일부를 떼어내어 대왕에게 헌상하기도 하였다.

둘째, 도모노미야쓰코(伴造)-베민(部民) 혹은 부민제(部民制)다. 부민(部民)제는 야마토 왕권에 복속한 사람들을 지배하는 방법으로 나온 것이었다. 특히 전문적 기술을 소유한 사람들은 중앙 조정에 특별히 배속시켜 봉사하게 하였으며, 조정에서 이들을 통솔하는 임무를 맡은 사람이 도모노미야쓰코(伴造)였다. 이러한 부민들은 대개 '직명(職名)+부(部)'라는 형태로 표기되었다. 예를 들어, '우마카이부(馬飼部)'라고 하면, 우마를 사육하고 조련하는 일을 전문적으로 맡아보는 부민 집단을 말한다.

특별한 기술이 없는 농민 대부분은 자신이 사는 거주지에 그대로 편제되어 조정의 지배를 받았는데, 야마토 조정의 귀족들에게 그 지배를 위임하였다. 예를 들어, 어느 지역의 농민집단을 조정의 소가우지(蘇我氏)라는 씨족에게 지배권을 위임하였다면, 그 농민집단은 모두 '소가부(蘇我部, 소가베)'로 표현되었다. 그러나 '직명+부'이든 '씨명(氏名)+부(部)'이든 그 본질은 모두 왕권에 복속한 백성이라는 점에 있었다. 이렇게 특정집단을 무슨(某) 부로 표기하는 것은 5세기 말 백제의 직무 분장방식인 부제(部制)를 그대로 야마토 조정이 도입한 결과다. 말할 나위도 없이 이러한 왜국의 백제식 지배방식·통치체제 도입에는 소가씨와 그 배하의 백제계 도래인 집단의 역할이 있었음은 물론이다.

셋째, 미야케(屯倉)제인데, 앞의 부민(部民)제가 사람을 통제하기 위한 제도였다면 이것은 조정이 소유한 토지를 지배하는 방식을 보여주는 제도다. 구니노미야쓰코(國造)가 바친 땅 등을 비롯해 조정의 소유가 된 토지가 위치한 지역은 그대로 지방지배의 거점이 되었는데, 대개 그 토지에는 그 토지에서 생산되는 생산물을 보관하기 위한 창고 건물과 토지를 경작하는 농민들이 하나의 세트로서 배속되어 있었다. 다시 말해 야마토 조정의 직할령이라고도 할 수 있는 '미야케(屯倉 혹은 屯田)'는 토지와 사람과 창고 건물을 하나의 단위 구성체로 하는 것이었는데, 이 '미야케'를 나타내는 한자어 '둔창(屯倉)'은 세 가지 요소 가운데 창고 건물(倉)에 포인트를 주어 표현한 것이라 할 수 있고, 마찬가지로 미야케를 나타내는 '둔전(屯田)'이라는 표현은 토지(田) 자체에 강조점이 있는 표현이라 할 수 있다.

아울러, 이러한 야마토 조정의 경제적 기초가 되는 미야케에서는 호적작성과 개별 인신지배의 효시가 되는 매우 선진적인 경영이 나타나게 된다. 물론 이러한 선진적인 토지와 인민에 대한 지배 방식은 소가씨와 그 아래 배속된 후네(船)씨, 시라이(白猪)씨 등 왕진이의 후예를 뜻하는 백제계 도래씨족의 역할이 있었다.

씨성(氏姓)제도

넷째, 우지(氏)·가바네(姓)제를 들 수 있다. 이것은 흔히 씨성(氏姓)제도로 표현되기도 하는데, 현재 한국이나 중국에서는 씨(氏)나 성(姓)이 거의 같은 의미로 사용되고 있지만, 일본의 경우는 그 의미가 달라서 주의를 요한다.

우선, 우지(氏)는 씨족 또는 일족을 나타내는 개념이다. 여기에서 씨족은 혈연집단이든 비(非)혈연집단이든 간에 조상 계보와 동족의식을 공유하며 하나의 동족집단임을 자처하는 정치적이면서도 사회적인 단위체를 말한다. 혈연적으로 실제 동족집단인 경우는 말할 나위도 없지만, 예를 들어 혈연적으로는 서로 다른 집단이지만 조상계보관계의 공유를 통하여 의제적(擬制的)으로 동족집단임을 부르는 경우도 있을 수 있다. 이런 결합관계까지 포괄하는 개념으로 사용되고 있었던 것이 고대 일본에서의 '우지(氏)'라는 개념이다.

그런데 고대 일본에서 우지(氏)의 이름(이를 '씨명(氏名)'으로 표기하고 '우지나'라 읽는다)을 나타내는 방법은 자신들의 거주지를 그대로 우지의 명칭으로 삼는 경우도 있었고, 혹은 자신들의 직무 내용을 우지의 이름으로 하는 경우도 있었다.

예를 들어, '소가우지(蘇我氏)'=즉 소가씨라고 하면 '소가(蘇我)'라는 아스카지역의 한 지명인 '소가'를 일족의 거주지로 삼고 있었기에 생겨난 우지의 이름이고, '우마카이베우지(馬飼部氏)'=우마카이베씨라고 하면 자신들의 일족이 대대로 조정에서 담당하고 있는 일이 '우마카이베(馬飼部)'라 칭하는 말을 사육하는 직업집단을 통솔하는 것이었기에 자신들의 우지 이름을 직접 '우마카이베우지'라고 한 경우다.

한편, 가바네(姓)는 야마토(大和)의 대왕이 각 우지집단에 수여하는 것으로 그 씨족집단의 정치적 신분 표식이자 가격(家格)을 나타내는 일종의 정치적·사회적 칭호이다. 여기에는 오미(臣)·무라지(連)·기미(君)·기미(公)·아타이(直)·오비토(首) 등을 비롯한 다양한 칭호가 있었다. 이것은 왜인사회에 유통되고 있던 사회적 존칭을 야마토의 대왕이 각 우지집단에게 하사함으로써 대왕에게 복속하고 있음을 상징적으로 드러내게 하고 아울러 정치적 의미를 부여하는 것이었다는 점에 의의가 있다.

7세기 후반 이후 일본열도에서는 처음으로 전국적인 인민을 대상으로 한 호적(戶籍)이 작성되는데, 이 호적 작성을 계기로 전국의 모든 공민(公民)이 된 자는 예외 없이 오늘날의 성(姓)과 같은 것을 갖지 않을 수 없었다. 하지만 그 이전에는 대부분의 사람들은 자신의 아이덴티티를 표현할 수 있는 성이 없었다. 겨우 일부의 지배자 집단만이 성을 가지고 있었다. 이때의 성이란 바로 지배자임을 나타내는 상징물이기도 하였던 것이다. 따라서 이 단계에서는 성을 칭하는 것 자체에 정치적인 의미가 있었다고 할 수 있다.

그런데 이 성을 표현하는 일본식 방식이 바로 '우지(氏)+가바네(姓)' 형식이었다. 예를 들어, 소가(蘇我)씨의 경우는 부여받은 가바네가 오미(臣)였기에 자신들을 말할 때 소가노오미(蘇我臣)라고 하였고, 우마카이베(馬飼部)씨의 경우는 가바네가 오비토(首)였기 때문에 자신들을 우마카이베노오비토(馬飼部首)라고 하였다. 7세기 말 이후 이 '우지+가바네' 형식은 일본의 성 일반을 나타내는 표기방식으로 정착되어갔다. 우지·가바네 제도는 일본열도에 천황을 정점으로 한 지배체제가 구축되어가는 과정에서 성립하여 이윽고 전국적인 성 제도로 발전했다.

그러나 9세기 중반 이후 점차 천황 중심의 권력체계가 변질되고 중세적인 사회단계로 접어들어가면서부터는 이 우지·가바네 제도도 점차 사회적·정치적 존속의 의미를 상실하게 된다. 그래서 생겨난 것이 오늘날과 같은 일본인의 성씨이다.

두말할 나위도 없이 이러한 6세기 이후에 본격적으로 정비되는 왜국의 각종 새로운 지배체제 도입·운영에서는 당시의 대신(大臣) 소가노 이나메와 우마코 부자, 그리고 그 지배하에 있던 도래씨족의 두 웅족(雄族)인 아야(漢)씨와 하타(秦)씨, 왕진이의 후예인 후네(船)씨와 쓰(津)씨, 왕인박사의 후예로 오진(應神)·닌토쿠(仁德) 천황 이후의 왜국의 문필업(문서행정)을 담당하는 사성(史姓)집단의 중핵을 이루는 후미(文)씨(혹은 書로도 표기)와 우마(馬)씨·구라(藏)씨 등 다수의 도래계 씨족이 깊이 관여하고 있었다.

이나메와 도래인

도래인과 그 후예-권력자와 도래씨족

이나메와 도래인(각종 박사·승·기능인 등)의 관계를 살펴보면, 한반도 특히 백제에서 외국으로 건너온 도래인들은 전문관료·테크노크라트 및 외교사절로서 활약하고 율령 및 각종 사서편찬에도 직접 관여한 사실들이 주목된다.

일본 고대에 있어 대외 사절이나 유학생·유학승으로 한반도나 중국(수당)에 건너간 대부분의 인물들은 도래계 씨족과 그 후예들이라 할 수 있다. 물론 귀국 후에는 다양한 방면에서 활약상을 보여주고 있다. 예를 들면, 귀국 후 정책건의 및 정책입안 사례를 들 수 있는데, 혜일(惠日, 에니치)과 국박사 고향현리(高向玄理, 다카무코노겐리)나 승민(僧旻)의 경우가 이를 잘 말해주고 있다.

국내의 지배체제 확립에 꼭 필요한 문서행정·문필 담당자 또한 도래계 씨족과 그 후예들이었다.

외교와 도래인·도래씨족

대외외교에서 상표문이나 국서 등 문서작성은 필수인데, 일본 고대의 문자문화·문필업의 담당자는 물론 도래인과 그 후예 씨족이다.

5세기의 이른바 왜 5왕 시대에 남조(대송)외교가 활발히 전개된다. 여기에는 고도의 외교문서 작성이 가능한 서기관적인 담당자의 존재가 필수다. 고도의 한문 실력을 보여주는 『송서』 왜국전의 왜왕무의 상표문은 백제계 문필 담당 씨족이 작성한 것으로 이해된다.

470년대의 에다후나야마(江田船山)고분(구마모토현에 위치) 출토의 은상감대도명에는 '서자장안(書者張安)'이라 명기되어 있다. 이 탁월한 문자(한자) 구사능력을 지닌 인물들은 5세기 후반에 백제에서 새로이 파견된 최신의 기예를 지닌 이마키노데히토(今來才技, 신도래인) 가운데에서 발탁되었을 것으로 보인다. 이들이 일본 고대의 문필(문서)문화의 실질적인 담당자라 할 수 있을 것이다.

일본 고대의 문자문화의 수용·발전과정과 관련해 유랴쿠기(雄略紀) 2년 10월조에 보이는 '사부(史部)'인 무사노스구리아오(身狹村主靑)와 히노쿠마노다미노쓰카이 하카토코(檜隅民使博德)의 존재도 주목된다.

이후 국가 차원의 문서담당 전문집단인 사부(史姓)집단의 성립으로 이어진다. 왕인박사의 후예인 가와치노후미노오비토(西文首)씨 및 왕진이 후예씨족인 후네노후히토(船史)씨, 야마토노아야(東漢)씨 일족인 야마토노후미(東文)씨 등이 그 중심을 이루고 있었다. 요컨대 고대 일본의 문서행정에 꼭 필요한 문필업은 도래계 씨족과 그 후예들이 담당 주체였던 것이다.

소가씨 주도 체제의 성립

앞에서 6세기 이후 야마토 조정의 지배층을 구성하는 씨족집단은 자신들의 우지(氏) 이름을 말하는데, 대체로 두 가지 방식이 있음을 보았다. 즉 자신들의 세력 근거지인 지명(地名)을 우지의 이름으로 하는 경우와 자신들이 조정에서 담당하는 직무 내용(職名)을 그대로 우지이름으로 하는 경우가 그것이다. 그런데 이러한 두 계통의 우지집단이 나타나게 된 것은 대체로 대왕가(大王家)와의 관계에서 기인하고 있다.

즉 지명을 우지의 이름으로 하는 씨족은 자신들만의 세력 근거지를 보유하면서 대왕과의 관계에서도 상대적인 자립성이 강한 우지집단이었으며, 직명을 우지 이름으로 한 씨족들은 상대적으로 대왕의 가정기관(家政機關)을 담당하면서 세력을 키워온 집단으로서 대왕과의 관계에서 상대적으로 자립성이 약하며 오히려 대왕 집안과 밀착해서 성장해온 씨족들이었다. 그리고 전자의 경우 대개는 그 가바네(姓)가 오미(臣) 혹은 기미(君·公)를 뜻하는 경우가 많았고, 후자의 경우는 가장 대표적인 씨족들은 무라지(連)라는 가바네를 칭하고 있었다.

6세기 야마토 조정을 구성하고 있던 기나이(畿內) 지역의 유력한 대표적 씨족집단을 대별하면 오미(臣)를 칭하는 그룹과 무라지(連)를 칭하는 그룹들로 나뉘어 있었다고 할 수 있다. 그리고 이러한 오미 그룹과 무라지 그룹을 대표하는 존재들은 각각 오오미(大臣)와 오무라지(大連)를 칭하고 있었다. 이는 '오미 중의 오미', '무라지 중의 무라지'를 나타내는 의미로 이해할 수 있다.

5세기 말 이후 세력을 얻은 씨족들은 무라지 그룹들이었다. 그 대표적인 씨족이 오토모(大伴)씨였다. 그러나 5세기의 대왕가(大王家)가 6세기에 들어와 몰락하고 새로이 게이타이(繼體) 천황을 중심으로 한 신흥 왕조가 성립하자 세력관계에도 변화가 일어났다. 기존의 실력자 오토모씨가 실각하고 대신 급부상한 씨족이 모노노베(物部)씨였다.

6세기 이후에는 오미 그룹의 씨족들도 활발하게 조정에서의 자기 세력을 확대해나갔다. 오미 그룹의 대표자는 소가(蘇我)씨였다. 특히 소가씨는 긴메이 천황과의 두 번에 걸친 혼인관계로 많은 소가계(蘇我系) 왕족을 낳으며 조정에서 대왕가(천황가)의 외척으로 세력 확대의 기반을 닦았다.

게이타이 천황의 사후 야마토 조정은 오오미(大臣)와 오무라지(大連)가 주도하는 체제가 성립하였다. 말하자면 대왕 아래에 오미 그룹과 무라지 그룹의 각각의 대표자가 국정을 담당하는 체제가 성립한 것이다. 오오미와 오무라지의 휘하에는 일반 오미 계통의 씨족과 무라지 계통의 씨족이 포진하고 있었으며, 이들은 도모노미야쓰코(伴造)로서 조정의 직무기구를 각각 관장하며 때로는 조정의 회의에도 참여하여 국정을 논의할 수도 있었다. 일반 씨족 중에서 국정회의에 참가할 수 있는 자격이 주어진 자들은 특별히 마에쓰키미(大夫)라고 불리었다.

국정의 주요사항은 대왕과 오오미와 오무라지 그리고 마에쓰키미 층이 참가하는 마에쓰키미(大夫) 회의체를 통하여 결정되었다. 야마토 조정을 구성하고 있는 이러한 기나이(畿內)의 씨족들은 지방에도 파견되어 지방의 구니노미야쓰코(國造)들을 통제하면서 전체적으로 기나이 세력의 일본열도 지배를 수행해나가고 있었던 것이다. 6세기 야마토 조정의 일본열도 지배는 대체로 이러한 체제 속에서 이루어지고 있었다.

그런데 조정의 양대 신하 그룹을 리드하고 있는 오오미와 오무라지는 기나이 세력의 일본열도 지배라는 점에서는 서로 이해관계가 일치하고 있었다. 하지만 정작 조정 내부의 권력의 주도권 장악문제를 놓고는 결국 대립하는 관계로 나아갈 수밖에 없는 구조에 놓여 있었다. 그리고 대왕의 경우도 나름의 정치적 과제를 안고 있었다. 즉 기나이(畿內) 세력이 중추를 이룬 야마토조정이 비록 일본열도의 여타 지역 세력을 제압하고 전국을 지배할 수 있게 되었다고는 하지만, 대왕가(大王家)가 초월적인 왕권으로 발돋움하기 위해서는 스스로를 기나이 세력들 위에 군림하는 초월적 전제군주로 자리매김할 필요가 있었다.

다시 말해 대왕 권력은 주위의 호족세력들과의 관계에서 본다면 상대적인 우위성은 확보하고 있지만, 아직은 절대적 인 우위성은 갖추지 못한 단계에 있었던 것이다. 개성이 강하고 카리스마가 넘치는 군주가 나온다면 당대의 권력은 강력하게 행사될 수 있을지 모르나 그것이 사후에도 영속적으로 보장받을 수 있는 것은 아니었다. 제도적 장치 위에 전제 권력으로서의 왕권을 확립시키기 위해서는 야마토의 왕권 은 또 한 번의 도약을 준비하지 않으면 안 되었다.

본격적인 소가씨 정권의 탄생

권력의 분열 조짐은 의외로 일찍 찾아왔다. 긴메이 천황 의 조정에 백제가 불교를 전해왔다. 그런데 『일본서기』에 따 르면 불교 수용 문제를 둘러싸고 소가노 오오미(蘇我大臣)= 이나메와 모노노베노 오무라지(物部大連)=오코시(御興)가 논 쟁을 벌였다고 한다. 소가씨는 불교 수용을 주장했지만, 모 노노베씨는 불교의 수용을 거부한 것이다. 이것이 권력 파열

음의 1차 조짐이었다. 그리고 결정적으로 두 씨족을 대립관계에서 항쟁 관계로 내몬 것은 요메이(用明) 천황의 사후에 전개된 차기 왕위계승 분쟁이었다.

6세기 말(587년) 소가씨(그 족장이 우마코馬子임)와 모노노베씨(그 족장이 모리야守屋임)의 항쟁에서 최종적으로 승리한 것은 소가씨였다. 소가씨는 승리 후 오무라지의 지위를 폐지했다. 조정에 두 명의 집정자가 있을 이유가 없었기 때문이다.

오무라지제의 폐지에 따라 과거 조정구성의 한 원리이기도 하였던 오미 그룹과 무라지 그룹의 차이는 사실상 의미를 상실하였다. 과거 소가씨는 오오미(大臣)로서 여타 오미(臣) 그룹의 리더라는 대표성이 있었다. 하지만 이제는 조정의 모든 신하그룹 전체를 대표하는 유일한 집안(인물)이 된 것이다.

모노노베씨를 타도한 소가씨는 자신의 의향대로 스슌(崇峻) 천황의 즉위를 도왔다. 그러나 스슌 천황은 왕권의 강화를 도모하려는 의도로 소가씨를 견제하였는데, 『일본서기』는 천황이 조정 안에 병기를 몰래 모으며 정적을 제거할 의지를 피력하였는데, 이것이 소가노 오오미(蘇我大臣)=우마코에게 알려져 결국 소가노 오오미가 보낸 자객에게 암살당하고 말았다고 전한다.

대왕이 신하에게 살해당하는 초유의 사태가 발생한 것이

다. 이 사건으로 조정의 권력을 장악한 것은 소가노 오오미였다. 이렇게 성립한 6세기 말의 소가씨 집안의 권력을 통상 '소가씨 정권'이라고도 부르며, 645년 '을사(乙巳)의 변'에서 소가씨 본종가(本宗家)가 타도될 때까지 소가씨가 주도하는 정국 운영이 계속되었다.

승려와 박사·학사

소가씨 권력을 지탱한 인물들… 승려와 박사·학사 그룹은 위정자들에게 꼭 필요한 당대 최고의 브레인·정치고문인 동시에 최고·최신의 전문지식과 특수기능·기예를 보유한 집단이라 할 수 있다.

왜국 최초의 정치브레인·정치고문이자 태자의 스승으로서 태자교육을 담당한 인물의 시초는 아마도 백제에서 파견된 아직기(학자·유식자)와 왕인박사(일본사상 최초의 박사)라 할 수 있을 것이다. 이후 백제에서 주기적으로 파견된 오경박사 등도 계속하여 그 역할을 충실히 수행한 것으로 추측된다.

그리고 이러한 흐름은 우마야도 왕자(=쇼토쿠聖德태자)에게 유교를 지도한 박사 각가(覺哿)로 이어지고 있다. 쇼토쿠 태자와 백제파견의 박사 각가를 매개한 것은 아마도 우마코였을 것이다.

소가씨의 씨사(氏寺)로서 설립된 아스카데라(飛鳥寺)에는 고구려의 승 혜자와 백제의 승 혜총이 주지로 있었는데 혜자와 혜총 스님이 다름 아닌 태자의 불교의 스승이었기 때문이다. 아울러 다이카개신 이후가 되면 신라 시학사(侍學士)의 존재도 확인되고 있는데, 이 경우도 기본적으로 고토쿠(孝德) 천황 정권하에서 왕재·왕자 교육 등 동일한 역할을 했을 것으로 추측할 수 있을 것이다.

이처럼 한반도에서 건너온 승려와 박사·학자·시학사(학사) 등은 기본적으로 왜 왕권 내의 차기 왕위계승 후보자를 포함한 유력 왕가나 유력 귀족의 자제를 대상으로 제왕학이나 유교·불교 등 학문이나 사상을 교수하였다. 나아가서는 왜국의 대외적 혹은 대내적인 정책입안이나 시행에도 일정한 관여나 지도를 했을 것으로 추측된다.

한반도 파견의 백제승과 고구려승에서 그러한 전형적인 사례를 확인할 수 있다. 특히 백제승 혜총(惠聰, 「추고기」 3년 4월조)과 관륵(觀勒, 602년에 도왜. 역법과 천문지리, 방술을 전함), 고구려승 혜자(慧慈, 「추고기」 1년 4월조, 3년 4월조 등)의 사례가 주목된다.

참고로, 비다쓰조(敏達朝)에서 스이코조(推古朝)에 걸친 시기에서는 백제승뿐만 아니라 고구려승의 존재가 두드러지고 있다. 즉 환속승 고려혜편(高麗惠便, 「민달기」 13년 시세조)을 시작으로 혜자(慧慈), 승륭(僧隆)과 운총(雲聰, 「추고기」 10년 윤

10월조), 담징(曇徵)과 법정(法定, 동 18년 3월조), 혜관(慧灌, 동 33년 1월조) 등이다. 주지하는 것처럼, 담징은 왜국(일본)에 회화(채색) 및 종이·묵·맷돌(물레방아) 제조법 등을 전했다. 혜관의 경우는 일본 삼론종(三論宗)의 시조로서 일본불교계의 최고 지위인 승정(僧正)의 자리에 올랐으며, 아스카데라(飛鳥寺)의 주지를 역임하였다.

그리고 이들 백제·고구려승이 도래한 스이코조(推古朝)를 중심으로 하는 아스카(飛鳥)시대의 정치문화에서 그 중심센터 역할을 한 곳이 바로 소가(蘇我)씨가 건립한 일본 최초의 본격 가람이라 할 수 있는 아스카데라(飛鳥寺, 법흥사·원흥사)인데, 이 절은 소가씨의 씨사(氏寺, 우지데라)인 동시에 야마토 왕권(왜국)의 관사로서의 성격도 동시에 지닌 것으로 이해되고 있다(신카와 도키오新川登龜男 1995, 다나카 후미오田中史生 2010 등).

이러한 특수한 성격의 절인 아스카데라의 주지를 지낸 승려가 바로 백제 파견의 혜총과 관륵, 고구려 파견의 혜자와 혜관이다.

이들은 아스카데라(飛鳥寺)의 주지로서 왜 왕권의 정치고문이자 상궁(上宮)왕가나 소가(蘇我)씨 집안 등 왕가 및 유력 귀족 집안 자제의 교육담당자 역할을 했다.

저명한 쇼토쿠 태자의 경우는 두 인물을 스승으로 삼았

다. 그런데 고구려승 혜자로부터 내전 즉 불교를, 백제의 박사 각가(覺哿)에게는 외전, 즉 유교를 배웠다고 전한다. 당시 혜자와 함께 아스카데라에 주지한 백제승 혜총도 쇼토쿠 태자의 스승으로 태자의 교육과 일정한 관련이 있었을 것으로 보인다.

이후의 태자교육은 시학사(후의 동궁학사)나 혹은 빈객(賓客)으로 왕자 주변에 있던 도래인들이 직·간접적으로 관여했을 것으로 추측된다. 신라시학사와 고토쿠(孝德) 천황 및 그 주변 황자들과의 관련성에 대해서는 앞서 언급했는데, 덴지(天智) 천황의 아들인 오토모(大友) 황자(왕자)의 경우도 그 주변에 도래인 학사(學士)들이 빈객으로 존재했던 사실이 확인되고 있다.

그 하나가 백제 달솔의 관위를 지닌 목소귀자(木素貴子)다. 그는 671년(덴지기天智紀 10년) 정월조에 따르면 병법 전문가로서 덴지 천황으로부터 대산하(大山下)의 관위를 받고 있으며, 『회풍조(懷風藻)』의 「오토모(大友)황자전」에 따르면 학사(學士)로 오토모(大友) 황자의 빈객(賓客)이 되었다고 한다. 동전(同傳)에 따르면 백제멸망 후의 망명귀족인 사택소명(沙宅紹明)의 경우도 황자의 빈객이었다고 전하고 있다.

오토모 황자는 덴지조 말기에 태정대신(太政大臣)의 지위에 있었고 천황의 사망 후 즉위하게 되는데, 덴지 천황은 학

사 목소귀자에게 대산하의 관위를 주면서 오토모 황자의 자
문역(왕재교육을 포함한)을 요청하였을 것으로 추측된다.

제2장 우마코와 스이코 천황,
　　　쇼토쿠 태자

우마코와 스이코 천황

소가(蘇我)씨의 위상

앞에서 소가(蘇我)씨가 모노노베(物部)씨를 타도하고 스슌(崇峻) 천황마저 암살하며 소가씨가 주도하는 지배체제를 성립시켰음을 언급하였다. 그 결과로 즉위한 사람이 일본 최초의 여성 천황인 스이코(推古) 천황이다. 그런데 스슌 천황이나 스이코 천황은 모두 소가씨의 핏줄을 타고난 왕족들이었다. 당시 오오미(大臣)의 지위에 있던 권력자 소가노 우마코는 스이코 천황에게는 신하였지만, 한편으로는 천황은 그의 조카(姪女)이기도 하였다. 당시의 정치사는 이 소가씨의 존재를 모르고서는 이해하기 어려운 것이 사실이다. 따라서 6세기 말 7세기 초에 해당하는 스이코 천황의 시대(스이코조, 推古朝)가 가지는 역사적 의미를 생각해보기에 앞서, 당시 신흥호족이라 할 수 있는 소가씨의 성장 과정과 그 위상에 대해 살펴보도록 하자.

소가씨는 신흥호족이었다. 소가씨가 중앙의 정치무대에 등장하게 된 것은 6세기 초 소가노 이나메가 오오미(大臣)에 임명되면서부터다. 소가노 이나메의 오오미(大臣) 취임 이후 그의 직계자손인 소가노 우마코, 소가노 에미시, 소가노 이루카 등이 오오미 직을 세습하면서 야마토 조정의 정치를 주도해나갔다.

그런데 오오미란 오미(臣) 계열의 호족 중에서 가장 세력이 있는 대표적 존재에게 주어진 지위였다. 따라서 소가노 이나메가 오오미에 임명되었다는 것은 소가씨가 6세기 초 당시에 이미 상당한 실력가로 인정받고 있었음을 의미한다.

일개 신흥호족에 불과하였던 소가씨가 어떻게 하여 그런 지위에 오르게 되었는지에 대해서는, 소가씨의 출신(예를 들면 한반도 출신)에 대한 문제, 천황가와의 관계, 도래계 씨족과의 밀착 등 흥미를 끄는 점이다.

소가씨의 씨족계보 사료를 보면 소가노 이나메의 조상은

소가 마지(蘇我滿智)-소가 가라코(蘇我韓子)-소가 고마(蘇我高麗)로 되어 있다. 가라코(韓子)나 고마(高麗)와 같은 이름은 분명히 한반도와 관련이 있는 이름이며, 소가 마지(滿智)도 『일본서기』나 『삼국사기』에 4~5세기 백제 귀족으로 나오는 목만치(木滿致)와 같은 이름(智와 致는 동일한 발음)이므로 누가 보더라도 소가씨의 모태 씨족은 한반도인이 아닐까 하는 생각을 지울 수 없다.

5세기 말의 인물로 보이는 소가 마지의 경우 동일 시대에 동일한 이름을 가진 사람이 백제와 왜국에 동시에 존재하고 있었다고 상정하기는 어렵기 때문에 소가씨 도래인설이 제기되는 것이다. 다만, 일본고대사학계의 통설은 소가씨는 어디까지나 토착 왜인(일본인)으로서 이해하고 있다.

소가씨의 원래의 출신 씨족의 문제와는 별개로, 소가씨의 성장 배경과 관련해 지적되는 사항이 소가씨가 도왜인(도래인) 집단을 장악하고 있었다는 점과 천황가와 혼인관계를 맺어 왕실의 외척이 되었다는 점이다. 이와 아울러 주목되는 점이 소가씨가 야마토 조정의 재무·재정 장악, 즉 국가의 살림을 일찍부터 맡아왔다는 사실이다.

결국, 소가씨는 국가 재정을 담당하고 도왜인(도래인) 출신들을 활용·중용하면서 세력을 확대해나갔고, 이를 배경으로 왕실과 혼인관계를 맺음으로써 신흥호족 중에서 가장 유력한 호족으로서의 입지를 굳힐 수 있었다.

외척의 대명사 소가 가문

긴메이(欽明) 천황 시대 이후의 왜 왕권 내 최대의 외척이 소가 가문이었다. 소가 가문 이전에는 가쓰라기 가문이 외척으로 세력을 떨쳤는데, 제16대 닌토쿠(仁德) 천황에서 제24대 닌켄(仁賢) 천황에 이르는 9명의 천황 가운데 제20대 안코(安康) 천황을 제외한 8명의 천황이 모두 가쓰라기 가문의 딸을 후비(황후와 비)로 두었거나 어머니로 두었다.

소가 가문이 천황가의 외척이 된 것은 바로 우마코의 아버지 이나메에서 시작되었다. 즉, 제29대 긴메이 천황이 이나메의 두 딸을 비로 맞았고, 제31대 요메이(用明) 천황도 이나메의 작은딸을 비로 맞아들였다. 이어서 즉위한 제32대 스슌(崇峻) 천황은 우마코의 딸 가와카미노이라쓰메(河上娘)를 빈으로 맞았고, 제34대 조메이(舒明) 천황도 우마코의 딸 호테노이라쓰메(法提娘)를 비로 들였다.

요메이(用明) 천황의 아들인 쇼토쿠(聖德) 태자도 우마코의 딸 도지코노이라쓰메를 비로 맞았다. 제33대 스이코(推古) 천황은 이나메의 외손녀이며, 우마코의 조카에 해당한다. 제32대 스슌 천황은 우마코의 조카이자 사위이고, 조메

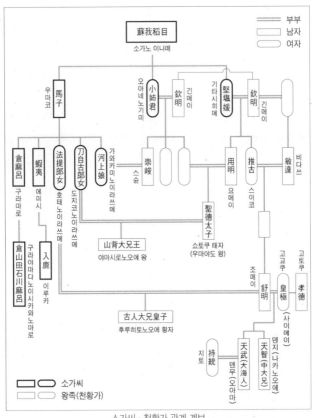

소가씨 · 천황가 관계 계보

이 천황과 쇼토쿠 태자 또한 우마코의 사위이자 조카였다.
즉 스슌 천황과 조메이 천황, 그리고 쇼토쿠 태자는 우마코
의 누이에게서 태어났으며 동시에 우마코의 딸들을 부인으

로 삼았다.

요컨대, 6세기 초 소가노 이나메는 긴메이 천황에게 두 딸을 시집보내어 소가씨 가문이 최초로 천황가와 외척관계를 맺었다. 그리하여 소가노 이나메의 딸 기타시히메(堅塩媛)와 오아네노기미(小姉君)는 긴메이 천황의 비(妃)가 되어 스이코(推古), 요메이(用明), 스슌(崇峻)의 세 천황과 여러 왕자, 왕녀를 낳았다. 그리고 모친을 달리하는 이들 왕자와 왕녀들이 서로 혼인하여 또다시 소가씨의 피가 흐르는 왕족을 확대 재생산하는 등 소가씨는 이중·삼중으로 왕실과 깊은 혈연관계를 유지해나갔다.

스이코조의 성립─천황의 시해와 옹립

소가 가문은 우마코가 대신(大臣)이 된 572년 4월 이래로 비다쓰(敏達), 요메이(用明), 스슌(崇峻), 스이코(推古) 천황으로 이어지는 4대에 걸쳐 대신(大臣, 오오미)의 지위를 유지하였다. 소가노 우마코는 불교를 숭상한 숭불파로서 불전이나 탑을 건립하였고, 아버지 소가노 이나메와 마찬가지로 폐불(불교를 배척)파인 대련(大連, 오무라지) 모노노베(物部) 가문과 대립하였다. 우마코의 처는 모노노베노 모리야(守屋)의 동생이며, 처남 모리야와는 불교 수용을 둘러싼 문제뿐만 아니라 고구려와의 외교 정책·황위 계승의 문제 등에서도 번번이 대립하였다.

587년, 요메이(用明) 천황의 사후 우마코는 여러 황족과 호족들을 이끌고 군사를 동원하여 긴메이 천황의 아들인 아나호베 황자를 옹립하려는 모리야를 제압하고(정미의 난), 스슌 천황(하쓰세베 황자)을 즉위시켰다. 그러나 모노노베 가문의 멸망 이후 더욱 강력한 세력을 갖게 된 소가 가문에 대해 점차 불만을 품게 된 스슌 천황과 대립관계가 되었다. 이에 우마코는 야마토노아야노아타이 고마(東漢直駒)에게 지시하여 스슌 천황을 암살토록 하고(592년), 대신에 조카 스이코(推古) 천황(누카타베노히메미코 황녀)을 대왕으로 옹립하였다(593년). 스이코 천황은 일본 역사상 최초의 여제(女帝)였다.

소가씨와 스이코 여제

소가씨의 씨족적 입장에서 생각해볼 때 소가노 이나메의 가장 큰 공로는 대왕가(大王家)와 외척관계를 맺어 신흥호족 소가씨의 정치기반을 안정적으로 구축하는 데 성공하였다는 점이다.

하지만 소가씨가 7세기 중반 소가노 이루카의 시대에 이르기까지 위세를 떨칠 수 있었던 것은 무엇보다도 권력 싸움에서 승리하였기 때문에 가능한 것이었다. 그런 점에서 모노노베(物部)씨를 타도하고, 나아가 스슌(崇峻) 천황의 암살

도 주저하지 않았던 소가노 우마코의 존재는 결코 무시할
수 없다.

스슌 천황의 암살 이후 야마토 조정은 긴메이(欽明) 천황
의 아들인 비다쓰(敏達) 천황의 황후를 새 천황으로 옹립하
였다. 그녀가 스이코(推古) 천황인 것이다. 일본 역사상 최초
로 확인되는 여성 천황(여제)의 등장이 이루어진 것이다. 이
새로운 여제를 탄생시킨 주역이 바로 소가노 우마코였다.

소가씨의 위상 "소가는 짐의 외척이다"

당시 왕위계승의 유력 후보로 비다쓰 천황의 아들인 다케
다(竹田) 황자와 요메이(用明) 천황의 아들인 우마야도(廐戶)
황자(후의 쇼토쿠聖德 태자)가 있었는데도 여성인 스이코 천황
이 즉위한 것은 아마도 소가노 우마코가 향후의 소가씨 중
심의 권력을 운용하는 데 가장 지장이 없을 것 같은 인물인
자신의 조카딸(姪女)을 선택한 결과라고 생각된다.

『일본서기』에 따르면 스이코 천황은 즉위 후 아버지·어머
니가 모두 소가계(蘇我系) 왕족이었던 우마야도 황자(쇼토쿠
태자)를 섭정(攝政)으로 내세워 모든 정사(政事)를 맡겼다고
한다. 통상 스이코조의 권력구조는 천황과 쇼토쿠태자 그리
고 소가노 오오미(蘇我大臣)=우마코라는 3자 관계를 중심으
로 이해되어왔으며, 그중에서도 특히 당시의 정치를 쇼토쿠

태자가 주도한 것처럼 이해하는 경향이 강하다.

하지만 당시의 정황으로 보아 설사 형식상으로는 섭정 쇼토쿠 태자와 오오미(大臣) 소가노 우마코가 공치(共治)하는 모양새를 취하고 있었다 하더라도 권력의 실체는 어디까지나 소가씨 즉 우마코의 손에 있었다고 보는 것이 보다 타당하고 현실적인 이해일 것이다.

이나메-우마코-에미시-이루카로 이어지는 소가씨의 권력의 역사에 있어서 그 정점에 도달했던 우마코 시대의 일면을 잘 보여주는 『일본서기』의 기사(사료)를 소개하면 다음과 같다.

〈史料1〉 스이코기(推古紀) 20년(612년) 정월조

7일에 군경을 불러 주연을 베풀었는데, 대신 우마코가 술잔을 높이 들고

"우리 대군이 사시는 광대한 궁전, 나가서 하늘을 바라보면 참으로 훌륭합니다. 천대 만대 이런 모습이었으면 좋겠습니다. 경외하고 배하하며 받들겠습니다. 축하의 노래를 바칩니다."

라고 노래하였고 이에 스이코(推古) 천황이 화답하길,

"소가씨여, 소가의 자손들은 말에 비유한다면 히무카(日向)의 말이요, 큰 칼이라면 오나라의 진짜 칼이라 할 수 있을 것이다. 당연한 일이다. 소가의 자손을 대군이 사용하는 것은."

(天皇和曰. 摩蘇餓餓豫. 蘇餓能古羅破. 宇摩奈羅麼. 辟武伽能古摩.

多智奈羅麼. 句禮能摩差比. 宇倍之訶茂. 蘇餓能古羅鳥. 於朋枳彌能.

兎伽破須羅志枳.)

(번역문은 연민수, 김은숙, 정효운, 이근우, 나행주, 서보경, 박재용

『역주 일본서기 3』, 동북아역사재단, 2013에 의함)

〈史料2〉 스이코기(推古紀) 32년 9월조

"짐은 소가씨에서 나왔다. 대신 또한 짐의 숙부(외삼촌)다. 그
래서 대신의 말은 밤에 말한 것은 밤이 새기 전에, 낮에 말한
것은 날이 저물기 전에 무슨 일이든지 들어주지 않은 일이 없
었다."

(於是. 天皇詔曰. 今朕則自蘇我出之. 大臣亦爲朕舅也. 故大臣之言.

夜言矣夜不明. 日言矣則日不晚. 何辭不用.)

여기서 〈사료1〉 〈사료2〉와 관련해, 훗날의 역사에서 헤이
안(平安) 시대를 열었던 간무(桓武) 천황이 외가인 백제왕씨
(百済王氏)에 대해 만천하에 선언한 "백제왕씨는 짐의 외척
이다"라는 발언이 상기된다.

〈史料3〉『속일본기(続日本紀)』 790(연력延暦 9년) 2월 갑오
(27일)조

"오늘, 조를 내려 이르길, 백제왕 등은 짐의 외척이다. 지금 그런 까닭에 (백제왕씨 가운데) 한두 사람을 발탁하여 관직을 맡기고 작위를 더하여 내린다."

(是日. 詔曰, 百済王等者, 朕之外戚也. 今, 所以, 擢一両人, 加授爵位也.)

이 사료는 간무(桓武) 천황과 백제왕씨의 혈연관계를 명백히 보여주는 것으로, 주목되는 점은 간무 천황 스스로 백제왕씨가 자신의 외척이라고 말하고 있는 사실, 즉 간무 천황의 어머니가 백제왕계(百済王系) 씨족인 야마토(和)씨=다카노니이가사(高野新笠)씨 출신이었다고 하는 사실을 공적으로 밝히고 있다는 점이다. 또한 '탁일양인(擢一両人)'이란 외척세력의 등용·중용을 말하는 것으로, 결국 이 조서는 백제왕현경(百済王玄鏡)·인정(仁貞)·경인(鏡仁)의 서위(叙位)로 실현되었다. 이후, 간무천황의 생모인 니이가사(新笠)의 조카 야마토노 이에마로(和家麻呂)는 도래계 인물로는 최초로 참의(参議)가 된다. 즉 공경의 반열에 든 것이다.

앞의 〈사료1〉과 〈사료2〉에서 나타난 소가씨에 대한 스이코 천황의 언설은 조정에서의 소가씨 사람(외척)의 등용·중용을 말하는 것이며(소가의 자손을 대군이 사용하는 것은), 절대 권력의 위임(무슨 일이든지 들어주지 않은 일이 없었다. 즉 우마코의 말은 뭐든지 들어주었다)을 선언한 것과 같다. 그리고 그 최대의 이유는 결국 지존의 외척이기 때문이라는 것이다.

권력을 추구하는 자나 씨족(집안)에 있어서 외척이 되어야만 하는 필연적인 이유인 것이다.

이러한 소가씨 일족에 대한 당시의 천황의 발언은 다름 아닌 우마코와 스이코 천황, 섭정 우마야도(=쇼토쿠聖德 태자)라는 7세기 초를 전후한 아스카시대 전반부의 스이코조 정치를 주도했던 소위 3인방의 밀접한 혈연적 관계를 보면 충분히 이해가 가는 측면이 있다. (전게 〈소가씨·천황가 관계 계보〉 참조)

이 계도(系圖)를 통해 소가씨와 대왕가(천황가) 사이의 밀접하고 깊은 관계를 확인할 수 있다.

7세기 우마코의 시대에 외척정치가 확립되는데 그것은 스이코 천황과 우마코의 인척 관계, 섭정 우마야도(쇼토쿠 태자)와 우마코의 관계를 보면 쉽게 이해된다. 스이코는 소가씨의 혈중농도가 매우 짙다. 스이코는 이나메의 외손녀이며, 우마코에게는 조카(질녀)에 해당한다. 아버지는 긴메이 천황이며, 어머니는 이나메의 딸인 기타시히메(堅塩媛)다.

우마야도(쇼토쿠 태자)의 경우도 소가씨의 피를 농후하게

이어받고 있는데, 부계와 모계의 할머니(조모)가 모두 소가
씨다. 아버지 요메이 천황은 이나메의 딸인 기타시히메(堅塩
媛)의 아들이며, 어머니는 (이나메의 또 다른 딸인) 오아네노기
미(小姉君)의 딸인 아나호베하시히토(穴穗部間人) 황녀다. 즉
우마야도의 조모가 모두 이나메의 두 딸인 것이다. 우마코와
우마야도의 관계는 세대적으로는 할아버지와 손자의 세대
관계인데, 다른 측면에서는 더욱 밀접한 사위와 장인의 관계
이다. 즉 우마코의 딸인 가와카미노이라쓰메(河上娘)가 우마
야도의 비가 된다. 둘 사이의 자식이 야마시로노오에 왕(山背
大兄王)이다.

아스카데라의 창건과 도래인

우마코와 불교−왜국 최초의 본격적인 가람 창건

• 소가 가문의 씨사(氏寺)−호코지(法興寺)

호코지는 나라 현 아스카무라(明日香村) 마을에 세워진 절
로서 법호인 호코지, 즉 법흥사(法興寺)는 중국 수나라 문제
가 추진한 불교 정책인 '법흥(法興)'에서 유래한 것이라 한다.
호코지는 흔히 아스카데라(飛鳥寺) 절이라 불리는데, 이는 절
이 위치한 지역명에서 유래한 것이다. 호코지는 일본 최초의

미세마루야마고분: 이나메의 묘

본격적인 가람으로 중앙에 탑, 탑의 동·서·북 3면에 금당을
배치한 이른바 1탑 3금당 양식(이른바 아스카데라 양식)을 갖추
었다. 소가 가문의 안녕과 번영을 기원하기 위해 세운 씨사
(氏寺)로 건립되었다.

　이후 호코지는 710년에 단행된 나라 헤이조쿄(平城京)로
의 천도와 관련해 718년에는 새로운 수도로 옮겨져 간코지
(元興寺)라 부르게 되었다. 한편으로 원래의 절도 혼간코지
(本元興寺)로서 그대로 존속했다.

이시부타이고분: 우마코의 묘

아스카데라의 창건과 백제의 전면적인 지원

• 일본 최초의 본격적 사찰, 아스카데라 절의 건립

588년 시작되는 아스카데라의 건립에 백제의 전면적인 지원이 있었다. 『일본서기』 스슌기(崇峻紀) 원년(588년)조에 따르면, 백제에서 승려 혜총·영근·혜식 등을 보내어 불사리를 바쳤고, 이어 사신을 파견하여 불사리와 승려 영조율사, 영위, 혜종, 혜숙, 도엄, 영개 등과 사공(寺工) 태량미태와 문고고자, 노반박사(鑪盤博士) 장덕 박매순, 와박사(瓦博士) 마나문노와 양귀문·능귀문·석마제미, 화공(畫工) 백가를 보냈다고 한다. 절의 건립에 필요한 모든 인적·물적 자원이 백제에서 제공되고 있음을 확인할 수 있다.

596년, 우마코는 일본 최초의 본격적인 사찰인 아스카데

아스카대불

아스카데라

라(호코지, 간코지라고도 함)를 완성시키고, 백제승 혜총(惠聰)과 고구려승 혜자(慧慈)를 주지로 하고, 장자인 젠토쿠(禪德)를 절의 관리자로 삼는 등 불교를 융성시키는 데 크게 이바지 하였다.

602년에는 백제에서 파견한 백제승 관륵(觀勒)이 소가 가
문의 씨사(氏寺, 한 집안의 절)인 아스카데라에 거주하였는데,
우마코는 관륵으로부터 직접 부처의 가르침을 받드는 사람
이 반드시 지켜야 할 계율인 수계를 받았다고 한다.

605년 아스카데라 본존인 석가삼존상의 조립이 발원되어
아스카시대를 대표하는 불사인 구라쓰쿠리노도리에 의해
완성되어 안치된다. 아스카대불의 탄생이다.

• 호족·귀족과 도래인

야마토조정 내의 유력자인 대련(大連, 오무라지) 및 대신(大
臣, 오오미) 집안, 즉 집정관 집안은 기본적으로 도래계 씨족
과의 강한 연계가 확인되고 있다. 이러한 도래인 및 그 후예
씨족들과의 밀접한 관련성이 바로 소가씨나 오토모씨 등이
지닌 정치·군사·문화·사상 면에서 다른 씨족에 비해 월등
한 선진성을 유지하는 바탕이 되었다. 그리고 그것이야말로
가장 강력한 정치력의 원동력으로 작용하고 있는 것이다.

소가씨와 도래인·도래씨족

• 소가씨와 왕진이(王辰爾) 후예 씨족

소가씨와 도래씨족과의 관련성은 도처에서 확인되는데,
이나메의 시대와 우마코의 시대 관련인물을 살펴보면, 무엇

보다도 6세기 이후 새로운 지식과 기술을 가지고 왜국에 건너온 도래인 집단인 이마키노아야(今來漢人)와의 밀접한 관련성이 주목된다.

특히 6세기 후반에 백제에서 파견된 왕진이(王辰爾) 및 그 후예씨족인 후네(船)씨, 시라이(白猪)씨, 쓰(津)씨 등 왕진이(王辰爾) 일족과의 관련성이 주목된다. 그리고 이들은 왜국의 정치문화 및 소가씨 집안의 가정(家政)을 담당하고 있음을 확인할 수 있다.

우선, 천황가의 직할령으로 국가 및 왕실의 재원인 미야케(屯倉)의 관리·경영에서 이나메는 선진의 노하우를 지닌 왕진이의 후예인 시라이씨를 적극 이용해 종래의 부민(部民)을 편호(編戶)하고 인민을 개별적으로 적장(籍帳)에 기록하고 있다.

이러한 인민(人民)에 대한 선진적인 지배·파악방식은 바로 율령국가의 지배목표인 개별 인신지배의 제1단계 조처라 할 수 있는 것이다. 나아가 나루(津)나 항만, 선박의 파악 및 관리는 재정수입의 기초적 작업이라 할 수 있는데, 이러한 임무를 왕진이의 후예인 쓰(津)씨·이즈(膽津)=시라이씨에게 맡기고 있다. 나아가 후네노에샤쿠(船惠尺)의 경우, 우마코(馬子) 밑에서 「천황기(天皇記)」「국기(國記)」 등 국사(역사서)의 편찬에 직접 관여하고 있다.

• 소가(蘇我)씨와 야마토노아야(東漢)씨

소가씨의 강제력 즉 무력·군사력은 주로 도래계씨족인
야마토노아야(倭漢)씨에 기초하고 있다. 그 단적인 사례가
스슌 천황의 암살에 야마토노아야노아타이 고마(東漢直駒)가
직접 관여한 사실이라 할 수 있을 것이다.

야마토노아야(東漢)씨야말로 왜국(소가씨)의 흑막적 존재
라고 할 수 있는 것이다. 야마토노아야씨는 소가씨 정권 하
에서 이른바 해결사로서 각종 청부 일을 도맡았다. 그런 만
큼 당시에 있어서 야마토노아야씨 일족이 무시 못 할 세력
을 보유했음을 말해준다.

그 단적인 증거가 다음에 보는 야마토노아야노아타이(東
漢直)씨 등에게 내려진 덴무(天武) 천황의 「조서」다.

〈史料4〉덴무(天武) 천황 6년 6월 시월(閏月)조

6월 임진삭(壬辰朔) 을사(乙巳, 14일)에 큰 지진이 있었다. 이
달, 야마토노아야노아타이 등에게 조를 내려 이르길 "그대들
의 일족은 지금까지 7가지 악역(惡逆)을 범하였다. 그 때문에
오하리다(小墾田, 스이코 천황) 시대부터 오미조(近江朝, 덴지 천
황)시대에 이르기까지 언제나 그대들을 조종해 음모가 행해져
왔다. 지금 짐의 시대에 와서 그대들이 행한 악역을 책하여 법
에 따라 벌을 내릴 것이다. 그러나 아야노아타이(漢直) 씨족의

대를 끊으려 하는 것은 아니다. 고로 큰 은혜로써 용서한다. 금후에 만일 법을 범하는 자가 있으면 반드시 용서하지 않겠다."

677년(덴무 천황 5년), 야마토노아야노아타이 등에게 조(詔)가 내려졌는데, 그 내용은 야마토노아야노아타이 일족이 용서 받지 못할 7악을 범했다고 지적하면서 스이코조 이래의 죄상을 적시한 후, 다만 대은(大恩)을 내려 용서한다고 하고 있다.

이는 야마토노아야노아타이 등 아야(漢)씨 일족이 왜국의 흑막적 존재였음을 말해주는 동시에 야마토노아야노아타이 일족의 정치력의 강대함을 시사하고 있다. 무엇보다도 일족에게 이러한 「조(詔)」가 내려진 것 자체가 이례적인 것이며, 그 세력을 무시할 수 없기에 처벌이 유예된 것으로 추측된다(上田正昭, 『歸化人』 등). 덴무 천황의 궁은 아스카(飛鳥)에 위치하고 있는데, 그 중심인 다케치군(高市郡)은 바로 아야(漢)씨의 세력권이었다.

군사씨족, 무력으로서의 야마토노아야(東漢)씨의 존재는 왜 5왕 시대에 해당하는 5세기 후반의 유랴쿠 천황의 시대에 이미 확인된다.

〈史料 5〉 유랴쿠기(雄略紀) 23년 8월조

경오삭 병자(7일)에 천황의 병이 오랫동안 심하였다. 백료와
더불어 이별의 말을 나누고, 서로 손을 잡으며 흐느껴 울었다.
그런 후에 대전에서 죽었다. 천황은 대반실옥대련과 동한국직
에게 "바야흐로 지금 천하는 한 집과 같으며 밥 짓는 연기가
만 리에 피어오르니, 백성이 또한 편안하며 사방의 오랑캐들이
와서 복종한다. ……지금 오시카와(星川)왕이 마음으로 패악을
품고, 행동은 우애가 모자란다. ……황태자는 황위를 잇는 지
위에 있으며 인효가 드러나 소문이 자자하다. 이로써 함께 천
하를 다스린다면 짐이 비록 눈을 감는다 해도 어찌 다시 원통
해하는 바가 있겠는가!"라고 「유조」를 내렸다.

〈史料6〉 세이네이(淸寧) 즉위전기(卽位前紀)

그러자 오토모노모로야오무라지(대반실옥대련)는 야마토노
아야노쓰카노아타이(동한국직)에게 "대박뢰 천황의 「유조」를
지금 실천하고자 한다. 「유조」에 따라 황태자를 받아들여야 할
것이다"라고 말하였다. 그리고 군사를 일으켜 대장(大藏)을 에
워싸고, 바깥에서 엄중히 지키면서 불을 질러 호시카와(星川)
황자를 태워 죽였다.

〈사료5〉에서 보는 것처럼, 임종 전의 유랴쿠 천황이 마지
막으로 오토모노모로야(大伴室屋)와 야마토노아야노쓰카노

아타이(동한국직東漢掬直)에게 유언을 남기면서 이승을 하직하고 있다. 이를 통해 야마토노아야(東漢)씨에 대한 천황의 믿음과 총애 사실을 확인할 수 있다. 유랴쿠 천황이 쓰카노 아타이 등에게 남긴 마지막 유언은 황태자인 시라가(白髮) 황자를 다음 천황으로 옹립하라는 것이었다. 결국 유랴쿠 천황의 유명(遺命)은 오토모노무로야오무라지(대반실옥대련大伴室屋大連)와 야마토노아야노쓰카노아타이(東漢掬直)가 거병하여 호시카와(星川) 황자를 살해함으로써 시라가 황자, 즉 세이네이(淸寧) 천황의 즉위가 실현된다〈사료6〉. 5세기 후반 단계에 야마토노아야(東漢)씨는 이른바 왜국 내의 킹메이커의 역할도 수행했다고 할 수 있다.

이 설화는 아울러, 야마토노아야노아타이(東漢直)씨와 소가(蘇我)씨 결탁 이전 시기에 당시의 야마토 왕권의 정치를 주도했던 오토모(大伴)씨와 야마토노아야(東漢)씨 사이의 밀접한 관계를 말해주고 있어 흥미롭다. 이는 바꾸어 말하자면 모노노베(物部)씨와 함께 군사씨족의 대명사로 알려진 오토모씨의 군사력의 일익을 담당한 것이 바로 야마토노아야씨라는 도래계 씨족이었던 것이다.

아울러 당시 대련(大連, 오무라지)으로 야마토 왕권의 군사력을 담당했던 권력가 오토모(大伴)씨의 경우에는 야마토노아야씨 외에도 다른 도래씨족과의 관련성이 확인되고 있다.

즉 오토모노오무라지 집안(大伴大連家)이 도래계 기술자집단으로 말안장을 제작하는 구라쓰쿠리베(鞍部)나 비단을 짜는 전문기술자 집단인 니시코리베(錦部)의 천거(薦居)에 관여했다는 전승이 전해지고 있다. 나아가 오무라지가(大連家)인 모노노베(物部)씨의 경우도 목공과 조선기술에 뛰어난 신라계 도래씨족인 이나베(猪名部)를 통솔 하에 두었고, 모노노베(物部)씨의 거점인 가와치(河內)의 아토(阿都) 지방이 또한 도래계 집단의 거주지였다는 점이 주목된다.

요컨대 이상의 사례들은 반드시 소가씨만이 한반도 도래계 집단과 관련성을 지닌 것은 아니었음을 말해준다. 이를 통해 당시 야마토왕권의 유력한 의정관·집정관 집안은 정도의 차이는 있으나 공통적으로 도래계집단·씨족들과 관련성을 가지고 있었음을 알 수 있다. 도래계씨족이 결국 왜국 권력자들의 권력을 지탱하는 중요한 한 축이 되었음을 확인할 수 있는 대목이다.

더욱 주목되는 점은 야마토노아야노아타이(東漢直)의 군사면에서의 활약은 무엇보다도 그 배하에 새로운 기술을 가지고 건너온 이마키노아야히토(新來才技)집단 특히 구라쓰쿠리베(鞍部)와 가지베(鍛冶部) 등 무기제작 집단이 존재했기 때문이라 할 수 있다. 마구와 제철·철기제작 기술자 집단의 장악은 농업생산력·군사력 강화에 직결되는 것이었고, 이

점이 또한 야마토노아야(東漢)씨 일족이 당대 권력자들의 막후권력의 원천으로 작용하게 만들었다고 할 수 있다.

다만, 새로운 기술체계를 보유한 이마키노데히토(今來手技)집단이 아야(漢)씨의 통솔 아래 들어간 이후에는 소가(蘇我)씨와의 밀착이 강화되었다고 할 수 있다. 그리고 소가씨와 결탁한 이후에도 계속하여 야마토노아야(東漢)씨의 군사적 활약상은 이어지고 있다.

대신(大臣) 소가노 우마코는 스슌조(崇峻朝)의 제1 권력자인데 592년(스슌 5년), 스슌 천황이 시해된다. 스슌 천황은 소가씨의 피를 농후하게 지닌 왕족으로 어머니가 소가씨, 즉 이나메의 딸인 오아네노기미(小姉君)이며, 비가 바로 우마코의 딸인 가와카미노이라쓰메(河上娘)다. 이러한 관계로 스슌은 우마코의 정치력에 의해 천황에 옹립되었다. 결국 우마코자신이 세운 조카이자 사위인 천황이 시해된 것인데 그 자객이 바로 우마코의 명을 받은 야마토노아야노아타이고마(東漢直駒)라는 인물, 즉 동한(東漢)씨의 일족이었다. 당시의 궁정사회에서 야마토노아야(東漢)씨가 흑막적 존재였다는 사실을 단적으로 말해주는 사건이다. 참고로 천황을 시해한 야마토노아야노아타이고마는 후에 우마코에 의해 살해되는데, 그 이유는 당시 스슌 천황을 모시던 우마코의 딸 가와카미노이라쓰메(河上娘)를 몰래 처로 삼았기 때문이라고 전해진다.

소가(蘇我)씨와 아야(漢)씨의 깊은 관련성, 흑막으로서의 야마토노아야(東漢)씨 일족의 존재는 앞서 본 덴무(天武) 천황의 「조서」〈사료4〉에서 야마토노아야노아타이(東漢直)씨 일족이 스이코(推古)조 이래 덴무(天武)조에 이르기까지 7개의 악역(惡逆)을 자행한 것으로 기술되어 있는 것과 같이, 왜국 내의 공공연한 사실이었다고 할 수 있다.

도래계 씨족 가운데 하타(秦)씨와 함께 웅족(雄族)으로 칭해지는 아야(漢)씨 집단에게는 그럴만한 힘(요소)이 충분히 있었으며, 실제로 야마토노아야씨 일족은 군사를 비롯한 각 방면에서 활동하고 있다. 소가씨와 야마토노아야씨의 결탁 및 야마토노아야씨의 군사력을 보여주는 몇 가지 사례를 들면 다음과 같다.

◇ 긴메이(欽明)조인 570년(긴메이 31년), 고구려로부터의 사절 내왜(來倭) 시 그 경호를 맡고 있음.

◇ 스이코(推古)조인 602년(스이코 10년), 신라정토군을 북규슈(北九州)에 파견 시, 아야히토(漢人)등은 병기제작에 관여하고 있음(『비전국풍토기(肥前國風土記)』).

◇ 644년과 645년의 '을사의 변' 전후에 소가씨를 위해 야마토노아야노아타이(東漢直) 일족이 군사를 일으켜 활약하고 있

고, 이루카가 살해되었을 때에도 야마토노아야노아타이 등은
군진을 펼치고 있음.

◇ 이루카의 아버지 에미시에게 나카노오에(中大兄) 등 개신
(改新)세력과의 일전을 불사할 것을 강력히 주장하고 있음.

이러한 군사적 행동은 그 이후의 시대에도 지속되고 있다.
672년의 임신의 난 때에도 활약상이 보이고 있다. 즉 사카노
우에노아타이(坂上直) 등을 비롯한 일족의 활약상이 「덴무기
(天武紀)」『속일본기』문무(文武) 천황 3년조 등에 보인다. 결
국, 이 아야(漢)씨라는 씨족집단은 일찍부터 강력한 군사력
도 겸비하여 과거엔 소가씨의 충실한 무력이 되었는데 (스슌
5년 11월조, 고교쿠 3년 11월조, 동4년 6월조), 임신의 난에 있어서
는 사카노우에노아타이(坂上直), 나가오노아타이(長尾直), 구
라가키노아타이(倉墻直), 다미노아타이(民直), 다니노아타이
(谷直) 등 많은 일족들이 오아마(大海人) 왕자 즉 덴무(天武)
천황 편에 가담해 커다란 전공을 세웠다.

앞서 본 덴무 천황의 「조서」에서 7가지나 되는 악행을 저
질렀음에도 결국 사면된 것은 바로 그들의 무시할 수 없는
군사력을 전제로 한 것임은 전술한 그대로다.

◇ 740년, 후지와라노 히로쓰구(藤原廣繼嗣)의 난이 발생했

을 때, 야마토노아야(東漢)씨 일족이 기병(騎兵)으로 천황의 행
행(行幸)에 동반하고 있음.

◇ 764년, 에미노오시가쓰(惠美押勝), 즉 후지와라노 나카마
로(藤原仲麻呂)의 난 때에도, 야마토노아야씨가 궁정의 수호에
임하고 있음(이상,『속일본기』).

나라시대에도 아야씨 일족의 군사적 활동은 지속되고 있
음이 확인된다. 야마토노아야(東漢)씨의 동족인 사카노우에
(坂上)씨가 '가전상무(家世尙武; 家傳尙武)'(『일본후기』 코닌弘仁
2년조)라고 전하는 것도 결코 우연이 아닐 것이다.

나라에 위치한 저명한 도다이지(東大寺)의 대불개안공양
회 때에 순복무(楯伏儛)의 주요 담당자인 무두(儛頭)와 무인
(儛人)의 배출씨족이 다케치(高市)군 거주의 야마토노아야씨
의 총칭이라 할 수 있는 히노쿠마노이미키(檜前忌寸) 일족이
었다. 순복무(楯伏儛)=순절무(楯節儛)는 전투에 대한 복속을
상징하는 순복(楯伏)의 의미이며, 전투무로서 복속의례의 하
나로 궁정에 정착된 것인데 군사와 밀접한 관련성이 있는
집안인 아야(漢)씨 일족이 그 담당자가 되었던 것이다.

아울러 군사와 밀접한 관련을 지니는 것이 바로 조선(造
船) 즉 배 건조술이다. 조선은 수군의 편성에 꼭 필요한 요소
인데, 야마토노아야씨는 조선에도 관여하고 있음이 확인된

다. 즉, 650년에 고토쿠(孝德) 천황의 명으로 아키국(安藝國, 오늘날의 히로시마현)에 파견되어 '백제선(百濟船)'의 건조를 지휘하고 있다.

물론, 일본고대 도래씨족의 대명사이자, 웅족(雄族)이라 칭해지는 야마토노아야(東漢)씨의 경우는 이상과 같은 군사 씨족으로서의 측면만이 아닌 선진문명의 도입자, 문필씨족 야마토노후미(東文)씨, 새로운 최신 버전의 기술력을 지닌 이마키노아야히토(新漢人) 일족 등의 활동에 대해서도 충분히 주의할 필요가 있다.

아스카시대 문명화의 주역들

우마코 시대의 도래승과 도래인 및 도래계 후예들의 활동은 백제·고구려에서 온 도래승 혜자(고구려)와 혜총(백제), 박사 각가(백제) 등의 사례를 통해 확인할 수 있다.

혜총과 혜자는 우마코가 건립한 소가씨의 씨사인 아스카데라의 주지로 거주하면서 소가씨 및 쇼토쿠 태자 등 왜왕권의 정치외교 고문으로서의 역할과 함께 당시 왜국의 정치문화를 지도했는데, 특히 혜자와 혜총은 쇼토쿠 태자의 스승이기도 했다. 또한 백제에서 파견된 박사 각가는 태자에게 유교의 경전을 교수했다고 전한다.

이 시기에 활약한 도래승으로 관륵(觀勒)의 존재를 무시할 수 없다. 무엇보다도 그는 602년(스이코 10년)에 도왜(渡倭)해 왜국에 역법을 전하고 있으며, 또한 아스카데라의 주지로 있 으면서 본인이 지닌 천문지리 및 방술 등에 관한 특수기능 을 도래계 후예씨족으로 구성된 왜국의 학생들에게 직접 전 수·교습시키고 있다.

특히 관륵이 전한 역법은 스이코조에 우마코의 주도로 추 진되는 일본사상 최초의 역사서 편찬 작업의 기초가 되는 사항임은 두말할 나위가 없다. 아울러 관륵은 일본불교계를 규율하는 승강제를 마련하여 최초의 승정의 지위에 오르게 된다.

612년(스이코 20년)에는 백제의 미마지(味摩之)가 조정의 의식에서 불가결한 기악(伎樂)을 전수하고 사쿠라이(櫻井)에 서 직접 마노노오비토데이시(眞野首弟子)와 이마키노아야노 세이분(新漢齊文)에게 교습시키고 있다.

흥미로운 점은 관륵에게 천문지리, 방술 등 특수기능을 배운 대상자가 도래계 후예씨족이었던 것과 마찬가지로, 미 마지가 기악을 전수시킨 교습의 일차 대상자들도 역시 왕인 (와니)박사와 일족인 마노(眞野)씨, 6세기에 건너온 이마키노 아야(新漢)씨 등 도래계 씨족들의 후예라는 점이다.

아울러 우마코의 시대에는 백제에서 지기마려(芝耆摩呂) 라는 노자공(路子工) 즉 조원(造園)·작정(作庭) 기술자도 내왜

(來倭)하여 수미산(須彌山)과 다리를 건설하는 등 불교 및 도교관련 문화는 물론 정원문화도 전하고 있다.

도래계의 후예들 — 견수·견당 유학승 및 유학생의 활약상

도래계 후예들의 활동 가운데에는 대외사절로서의 활약도 두드러진다. 특히 유학생·유학승의 일원으로 선발되어 한반도나 중국(수·당)에 유학하고 있고 귀국 후에는 새로운 정책의 건언이나 입안에 종사하고 있는 사례가 확인된다. 전체적으로 일본고대국가의 정치외교와 문명의 도입을 담당한 중심 주체가 도래인들의 후예라 할 수 있을 것이다.

그 일면을 살펴보자. 608년에 파견된 제3차 견수사에 최초로 8명의 유학승과 유학생이 동반하게 되는데, 유학생에 야마토노아야노아타이 후쿠인(東漢直福因), 다카무코노아야히토 겐리(高向漢人玄理), 이마키노아야히토 오쿠니(新漢人大國)가, 유학승에는 이마키노아야히토 니치몬(민)(新漢人日文[旻]), 미나미부치노아야히토 쇼안(南淵漢人請安), 시가노아야히토 에온(志賀漢人惠隱), 이마키노아야히토 고사이(新漢人廣齊) 등이 선발되고 있다. 주목되는 점은 이들은 모두 도래계 씨족의 후예들이다.

여기에 더하여 구체적인 연차는 불명이나 백제 이마키노데히토(今來才伎)의 자손인 혜일(惠日)도 견수유학생이 되어 중국으로 건너간다. 도소(道昭)도 653년 이후의 시기에 학문 승으로 선발되어 입당(入唐)한다. 654년의 제3차 견당사에는 야마토노아야(東漢)씨의 일족인 후미노아타이마로(書直麻呂)도 참가하고 있고, 659년에 파견된 제4차 견당사에는 야마토노아야노아타이 아리마(東漢直阿利麻)와 야마토노아야노쿠사노아타이 다리시마(東漢草直足嶋)가 가담하고 있다.

이들 유학승·유학생이 중국에 머무르던 중에 수에서 당으로의 교체가 있었고 당에서는 624년(무덕武德 7년)에는 신율령이, 637년(정관貞觀 11년)에는 율령격식이 시행된다. 이러한 변화상을 본 혜일은 귀국 후 당과의 통교를 주청하는 건언을 하게 된다. 그리고 이는 왜국의 새로운 정치문화 형성에 중요한 계기가 된다.

외교와 내정에 보다 깊이 관련된 대표적인 사례로 고향현리(高向玄理, 다카무코노겐리)와 승민(僧旻), 혜일(惠日)의 경우를 들 수 있을 것이다.

645년의 개신정권 성립 후 국가의 정책을 입안하는 국박사(國博士)로 등용된 고향현리(高向玄理)는 견수(遺隋)유학생으로 파견되어 33년 동안 수·당에서 유학 후에 귀국하는데, 개신정권 성립 이후 파견된 최초의 견신라사로 임명되어 김춘추를 대상으로 한 신라와의 외교교섭을 담당하여 647년 김춘추와 함께 귀국하고 있고, 654년에는 제3차 견당사의 압사(사절단의 최고책임자) 등으로 임명되어 외교의 제일선에서 활동하고 있다. 승민(僧旻, 日文으로도 표기)의 경우도 역시 귀국 후 개신정권의 국박사로 등용되어 2관 8성의 설치 등 국제의 정비와 관련된 정책입안에 관여하고 있다. 미나미부치 쇼안(南淵請安)은 귀국 후 학당(사숙)을 운영하여 유력 귀족의 자제들을 교수하고 있었는데, 그의 학당·문하에서 소가노 이루카, 나카토미노 가마타리, 나카노오에 왕자 등이 수학하였다고 한다. 견수유학생으로 파견된 약사 구스시노 에니치(藥師惠日)도 약 33년간 당에서 유학한 경험을 활용해 622년 귀국 후 정책 건언을 했을 뿐만 아니라, 630년 왜국 최초의 견당사 파견에 수행하였고, 654년에는 제3차 견당사의 부사로 재차 입당하고 있다.

우마코와 쇼토쿠 태자

내정 및 예제의 정비

대수외교의 개시는 야마토 조정으로 하여금 의례(儀禮)를 비롯한 예제(禮制)의 정비 필요성을 절감하게 하였다. 아울러 스이코조는 내정의 정비를 통해 국내체제도 정비해나갔는데, 6세기의 게이타이(繼體) 천황에 의한 신왕조 창업 이래 이루어져 오던 야마토 정권의 지배체제는 스이코조를 하나의 기점으로 커다란 한 획을 긋게 되었다. 지배체제의 정비와 관련해서는 관위(冠位) 12계 제도의 실시, 헌법(憲法) 17조의 제정, 각종 의례의 개정 등을 들 수 있다.

관위 12계 제도

먼저, 관위(冠位) 12계의 관위제는 603년(스이코 12년)에 제정되었다. 관위(冠位)라는 한자에서 알 수 있듯이 이것은 조정에 출사하는 호족과 관인에게 주는 관(冠)으로서 지위의 고하를 구분하는 것이며, 관직·관품과 관련된 관위(官位) 자

위계	관위의 명칭		관(冠)의 색깔		
1	덕(德)	대덕(大德)	자(紫)	농(濃)	짙은 보라색
2		소덕(小德)		담(淡)	옅은 보라색
3	인(仁)	대인(大仁)	청(靑)	농(짙은 색)	
4		소인(小仁)		담(옅은 색)	
5	예(禮)	대례(大禮)	적(赤)	농	
6		소례(小禮)		담	
7	신(信)	대신(大信)	황(黃)	농	
8		소신(小信)		담	
9	의(義)	대의(大義)	백(白)	농	
10		소의(小義)		담	
11	지(智)	대지(大智)	흑(黑)	농	
12		소지(小智)		담	

관위 12계의 복장과 색

체를 의미하는 것은 아니다.

관위 12계 제도는 우선 머리에 쓰는 관(冠)의 종류를 12가지로 나누어 그것으로써 조정에 출사하는 사람들의 지위를 시각적으로 구분하려고 한 것에 불과하다. 관위의 순서는 위로부터 덕(德)·인(仁)·예(禮)·신(信)·의(義)·지(智) 등 여섯 종류를 각각 대소(大小)로 나누어 12등급으로 하고, 이에 상응한 관(冠)의 색깔을 자(紫)·청(靑)·적(赤)·황(黃)·백(白)·흑(黑)의 여섯 종류로 나누고 각각을 색의 농담(濃淡)으로 구분하여 관위 12등급에 대응시켰다. 즉 이러한 관위 12계에서는 짙은 보라색관(紫冠)을 착용한 대덕(大德)이 가장 높은 1위이고, 옅은 검은색관(黑冠)을 쓴 소지(小智)가 12위로 가장 하위에 위치하게 된다.

관위 12계 제도의 특징은 이 관위의 수여가 개인을 대상으로 하였다는 점과 승진도 가능하였다는 점 그리고 기나이(畿內)의 호족들이 주된 대상이었다는 점 등을 들 수 있다. 그리고 이 관위는 왕족과 당시의 최고 실세인 소가노 오오미(蘇我大臣)는 수여 대상에서 제외되어 있었다. 즉 소가노 우마코의 경우는 오히려 수여자(授與者) 즉 관위를 내려주는 주체의 입장에 있었던 것이다. 이는 스이코조 당시의 관위제의 한계이자 동시에 소가씨 집안의 정치적 위상을 잘 말해주는 것이라 할 수 있다.

조	핵심 내용
1	화(화합)를 귀하게 여기고, 거슬리지 않는 것을 근본으로 삼아라. 〈화(화목)를 강조 (以和爲貴)〉
2	삼보(三寶)를 두터이 섬겨라. 삼보는 불(佛), 법(法), 승(僧)이다. 〈삼보 즉 불교를 믿을 것을 강조〉
3	「조칙(詔勅)」을 받으면 반드시 따르라. 임금은 하늘이고, 신하는 땅이다. 〈대왕의 명령에 반드시 복종할 것을 강조〉
4	군경이나 백료는 예법을 기본으로 하라. 백성을 다스리는 근본은 반드시 예에 있다. 〈예의가 모든 것의 근본임을 강조〉
5	식탐을 끊고 욕심을 버리고 소송을 공명하게 하라. 〈재판의 공정성과 뇌물 수수의 금지〉
6	악을 경계하고 선을 권하는 것은 예로부터의 좋은 가르침이다. 〈권선징악을 강조〉
7	사람에게는 각각 임무가 있다. 〈각자의 임무에 충실할 것, 인재를 적재적소에 쓸 것을 강조〉
8	군경이나 백료는 아침에 일찍 출사하고 저녁 늦게 퇴근하라. 〈공무에 소홀함이 없도록 할 것을 강조〉
9	믿음은 사람이 행하여야 할 근원이다. 무슨 일을 하든지 믿음이 있어야 한다. 〈신뢰와 신용의 중요성을 강조〉
10	마음에 분함을 나타내지 말고 얼굴에 노여움을 나타내지 말라. 다른 사람이 자신과 다르다고 화내지 말라. 〈상대를 존중할 것을 강조〉
11	공적과 과실을 명확히 하여 합당한 상벌을 시행하도록 하라. 〈신상필벌(信賞必罰)을 강조〉
12	국사(國司)나 국조(國造)는 백성을 착취하지 말라. 〈지방관의 학정을 경계〉
13	모든 관직을 맡은 자는 각각의 직장(職掌)을 숙지하라. 〈각자의 업무를 잘 파악할 것을 강조〉
14	군신이나 백료는 질투하지 말라. 〈서로 시기·질투하지 말 것을 강조〉
15	사심을 버리고 공적으로 하라. 이것이 신하의 도리다. 〈사리사욕을 버리고 공평무사할 것을 강조〉
16	백성을 사역할 때는 때를 고려하라고 한 것은 예로부터의 좋은 가르침이다. 〈농번기를 피해 농한기에 부역을 시킬 것을 강조〉
17	대체로 일은 독단적으로 결정해서는 안 된다. 반드시 여러 사람이 의논하여야 한다. 〈중대 의사결정은 서로 합의해서 할 것을 강조〉

헌법 17조의 주요 내용

헌법 17조의 제정

헌법 17조는 관위 12계제가 제정된 이듬해인 604년에 쇼토쿠 태자가 만들었다고 전해진다. 이름이 헌법(憲法)이라고 해서 마치 오늘날의 헌법 체계를 연상하면 곤란하다. 오히려 오늘날 일본이 국가의 최고기본법을 헌법이라고 명명한 유래가 바로 이 헌법 17조의 명칭에 있다는 견해도 있다. 과거 이 헌법 17조에 대해서는 위작설이 제기되기도 하였으나 오늘날 내용 자체를 근본적으로 부정하는 사람은 별로 없는 실정이다.

헌법 17조는 모두 17개 항목의 조문으로 구성되어 있는데 관인들의 복무규정으로서의 성격이 강하였다. 예를 들면, 제1조에 전체 조정 구성원의 화목을 강조하고, 제2조에 대왕의 명령에 복종할 것을 언급하였다. 제4조에 예의가 가장 중요한 근본임을 말하고, 제5조에는 재판은 공정히 하고 뇌물을 받지 말 것을, 그리고 제8조에 관료들은 조정에 일찍 출근하고 늦게 퇴근할 것을 말하고 있는 점 등에서 그러한 성격을 잘 엿볼 수 있다.

이러한 규정이 스이코조에 이르러 필요해진 배경에는 조정의 관사(官司)제도가 점차 정비되면서 관인들에 대한 복무규정이 마련될 필요성이 있었다고 할 수 있다. 그리고 관위 12계 제도 또한 이러한 관인들을 구분하기 위해 고안된 것으로 보면 관위제와 헌법 17조의 제정은 관사제의 발달을 전제로 시행되기 시작한 것임을 알 수 있다. 또한 이 시대에는 조정의례·외교의례·연중행사·의복제(衣服制)를 비롯한 각종 예제가 급속히 정비되어갔는데, 이러한 개혁도 모두 이러한 조정의 분위기에서 나온 것이었다.

최초의 국사 편찬

한편, 스이코조에서 처음으로 역사기록들이 편찬되었다는 점도 특기할 사항이다. 『일본서기』에 따르면 스이코 천황 28년인 620년에 쇼토쿠 태자와 소가노 우마코가 『천황기(天皇記)』, 『국기(國記)』 등의 역사기록물을 편찬하였다고 하는데, 현재 전해지지는 않는다.

다만 『천황기(天皇記)』라는 명칭의 서적은 천황이란 호칭이 이미 성립해 있었다는 점이 전제되어야 가능한 것인데, 오늘날 천황의 호칭은 7세기 후반의 덴무(天武) 천황 때에 처음으로 성립한 것으로 이해되고 있다. 따라서 7세기 초의 스이코조(推古朝)에 실제 『천황기』라는 이름의 책이 있었는지에 대해서는 의문이다.

아무튼 스이코 조정에서 우마코는 620년 우마야도 황자(쇼토쿠 태자)와 함께 논의하여 『천황기(天皇記)』『국기(國記)』 및 중앙의 씨족과 지방 호족에 대한 「본기」 등 역사서를 공동으로 편찬한 것으로 전해지고 있다. 이러한 역사 편찬은 당시 일본의 국가의식이 싹트고 크게 확대되었음을 나타내는 것으로 이들 사서는 현존하지 않고 그 내용 또한 전혀 알 수 없다. 다만,『천황기』는 역대 천황의 사적을 기록한 제기(帝紀)와 같은 내용일 것으로 이해되고 있다.

『국기』에 대해서『일본서기(日本書紀)』에 흥미로운 사실을 전하고 있다. 즉, 645년에 발생한 '을사의 변' 당시 소가노 에미시가 자신의 저택에 불을 질러 자진했을 때『천황기』『국기』와 진귀한 물품들이 불에 타고 있었으며, 당시 에미시의 집에 있던 후네노후히토 에샤쿠(船史惠尺)가 불길 속에서『국기』를 꺼내와 나카노오에 황자(훗날 덴지 천황)에게 헌상했다고 전하고 있다. 그러나 이『국기』도 현재에는 전해지지 않고 있다.

이상의 내용을 통해 소가 가문 본가에 후히토(史)─왜 왕권 내에서 기록·문필을 담당하는 가문에게 부여된 성(姓)을 말함─집단이 존재했음을 알 수 있다. 국가적인 사업인 사서 편찬 작업에 소가 가문이 중추적인 위치에 있었으며 중요한 역할을 했다는 점은 분명하다.

특히 이와 관련해 주목되는 존재가 백제승 관륵(觀勒)이다. 관륵은 602년에 백제에서 왜국에 파견되어 소가씨의 씨사(氏寺)인 아스카데라에 주지하였고, 무엇보다도 역사서 편찬에 꼭 필요한 달력, 즉 역본의 전래 및 교수를 직접 담당하고 있기 때문이다.

결국, 스이코조의 역사편찬과 관련해 주목되는 점은 이 역사서 편찬 작업이 왜국 최초의 정사편찬 시도라는 점, 한 나라의 역사를 기록한 국사편찬이 당시의 실권자 우마코의 주도로 이루어졌을 뿐만 아니라, 역사 기록(역사서) 자체가 조정이 아닌 소가씨 집안에 대대로 보관되어 있었다는 점이다. 나아가 이 역사편찬 작업에는 소가씨 배하의 도래계 씨족인 후네(船)씨가 깊이 관여하고 있다는 점도 충분히 주의하지 않으면 안 된다.

쇼토쿠 태자와 하타씨

• 왕자(황자) · 왕가(천황가)와 도래인

한반도에서 왜국으로 건너온 도래계씨족의 후예들은 백제 파견의 왕인박사 이래로 왜왕권의 왕자들이나 소가씨, 후지와라씨로 대표되는 귀족가문의 공자들에 대한 교육을 담당했다. 즉 시학사 · 동궁학사로서의 역할로 왕재 교육을 맡은 것이다.

도래인과 황태자의 관계를 보여주는 최초의 사례는 아마도 아직기 · 왕인과 오진(應神) 천황의 태자인 우지 태자를 대상으로 한 유교경전에 대한 교육이며, 왕인의 경우는 즉위

전의 닌토쿠(仁德) 천황에 대한 왕재교육도 담당한 것으로 확인된다. 아울러, 왕인박사의 후예 씨족들, 특히 가와치노후미(西文)씨 등이 야마토 왕가·왕권과의 밀접한 관련성 속에서 왜국의 문서행정 담당자로 성장하게 된다.

6세기에 들어 백제 파견의 각종박사 특히 오경박사와 황자녀의 관계를 보여주는 대표적인 사례의 하나가 박사 각가(覺哿)와 쇼토쿠(聖德) 태자의 관계다. 즉 쇼토쿠 태자는 내전 즉 불교는 고구려 승려 혜자에게, 외전, 즉 유교는 각가 박사에게 배웠다고 한다. 아울러 쇼토쿠 태자는 당시 아스카데라에 혜자와 함께 주지하고 있던 백제승 혜총을 통해서도 내외를 불문한 일정한 교육을 받았음을 알 수 있다.

쇼토쿠 태자는 백제계 도래씨족 뿐만 아니라 신라계 도래씨족인 하타(秦)씨와 밀접한 관련을 지니고 있었다. 특히, 고류지(廣隆寺)와의 관련성이 주목된다. 하타(秦)씨가 태자의 가정(家政)기관을 관리하였고, 하타씨의 세력권 지역에 위치한 야마시로국(山城國, 오늘날의 교토후)의 후카쿠사(深草)둔창으로 대표되는 미야케(屯倉)도 하타씨 일족이 직접 관리·경영하였다.

특히 쇼토쿠 태자와 관련해 주목되는 인물이 하타노미야쓰코 가와가쓰(秦造河勝)다. 그는 6세기 말에서 7세기 전반 시기의 하타(秦)씨의 족장의 지위에 있었으며, 우마야도(廐

戶) 왕자(즉 쇼토쿠 태자)의 최측근으로 활약하고 있다. 587년
(요메이 천황 2년)의 모노노베(物部)씨와의 전쟁 때에는 '군정
인(軍正人)'으로 참전하여 우마야도를 수호하고 종군하였다.
이 전쟁에서 쇼토쿠태자가 쏜 화살에 모노노베노 모리야(物
部守屋)가 맞자 그가 직접 가서 모리야의 목을 베었다고 전
한다(『상궁성덕태자전보궐기』). 『성덕태자전력』에는 그를 군윤
(軍允)이라 기록하고 있다. 이상을 통해 하타노가와가쓰(秦河
勝)가 우마야도 황자의 최측근이자, 그가 이끄는 하타씨 일
족의 무력(군사력)이 즉 우마야도 왕자의 사병(私兵) 역할을
수행했음을 알 수 있다.

603년(스이코 천황 11년)는 우마야도 황자로부터 불상을 받
아 예배하여, 즉 하타씨의 씨사인 고류지(廣隆寺)의 전신인
하치오카데라(蜂岡寺)를 설립하였다. 또한 610년에는 스이코
조정의 외교업무에도 종사하여 하지노무라지우지(土師連菟)
와 함께 신라사의 안내역을 담당하고 있다. 또한 고교쿠(皇
極)조의 일로써 당시 동국(東國, 오늘날의 간토關東지방)에서 오
우베노오(大生部多)가 벌레를 받들어 이를 상세신(常世神)이
라 칭하며 상세신 사상을 퍼뜨리면서 혹세무민하자 이를 하
타노가와가쓰가 직접 나서서 진압했다고 전한다.

결국, 하타(秦)씨의 경우에도 우마야도 왕자의 사병 역할,
더 나아가 야마토 조정(국가)의 군사력의 일익을 담당했음을

알 수 있다.

스이코조의 의의

이상과 같은 시책이 추진된 스이코(推古) 천황의 시대는 고대국가 형성과정에서 한 획을 긋는 시대로 인식되고 있다. 그것은 바로 이 스이코조의 시대가 종래의 씨족제적인 세습제 지배원리에서 율령제적 관료제 지배원리로 넘어가는 과도기적인 시기, 다시 말해 새로운 시대의 출발선이라는 의미를 지니기 때문이다.

일본열도의 고대국가는 8세기 초에 성립한 율령제(律令制) 국가로 완성되게 되는데, 이 율령제 국가란 관료제의 틀에 의거하여 운용되는 시스템으로 원칙적으로 개인의 능력에 따라 승진도 가능하며 개인의 관직은 자손에게 세습이 되지 않는 룰이었다. 이에 대해 세습제는 자신의 소속집단인 우지(氏), 즉 씨족집단의 지위에 의거해 개인의 운명이 결정되는 시스템이었다. 소가씨의 경우처럼 오오미(大臣)의 지위를 아버지의 뒤를 이어 아들도 바로 오오미에 임명되는 것이 이 세습제의 룰을 잘 보여준다.

하지만 이 세습제의 원리를 가지고는 관료제 사회로 넘어갈 수 없다. 따라서 어느 시점인가 관료제 사회로 나갈 수 있는 전환이 필요하다. 바로 그 전환의 시점으로 스이코 천황의 시대가 주목된다. 특히 관위 12계 제도에 보이는, 세습의 원칙이 아닌 개인을 대상으로 한 시행원칙은 뒤에 관료제의 원칙을 수용할 수 있는 중요한 발판을 마련한 것이었다고 볼 수 있다.

스이코 천황의 시대에 대한 역사적 평가문제는 전후 시대와의 연속성 측면과 단절성 측면이라는 두 가지 요소와 관련된다. 우선 5~6세기 이후의 고훈(고분)시대부터 추진되어 온 전국적 지배체제가 일단 7세기 초의 스이코조에 이르러 정비되었다는 점, 그럼에도 여전히 세습제의 원리 속에서 사회가 운용되고 있다는 점 등에서는 확실히 스이코조는 이전 시대와 연속적인 측면을 지닌다.

그러나 한편으로 개인의 능력을 기초로 하는 관위 12계 제도의 원칙이 상징하는 것처럼, 관료제 단계로 나아갈 수 있는 맹아 요소가 이 시대에 처음 발견된다는 점은 이전 시기와 단절적인 측면을 지닌다. 결국 스이코 천황의 시대는 이전 시기의 도달점이자 새로운 시대의 출발점으로서 평가할 수 있을 것이다.

제3장 에미시·이루카와
조메이·고교쿠 천황

에미시·이루카 부자

동아시아의 정세

수(隋)왕조는 두 차례에 걸친 고구려 원정을 단행하였지
만 모두 실패로 끝났다. 오히려 그 후유증으로 수 자체가 멸
망하였다. 그 뒤를 이어 당(唐)이 건국되었다. 618년의 일이
다. 당은 토번(지금의 티베트)과 돌궐 그리고 고창국(高昌國) 등
주변 지역을 차례로 복속시켜나가면서 고구려와 대결을 벌
일 준비를 하기 시작하였다. 당의 지속적인 세력 확대는 주
변지역의 불안정성을 증대시키는 결과를 초래하였으며 결

국 7세기라는 한 세기의 역사를 그동안의 동아시아 역사상 전례가 없는 대규모 전란의 시대로 만들었다.

이러한 전란의 시대에 대처하는 과정에서 나온 1차적 결과물이 신라의 삼국통일과 왜국의 지배체제의 정비였다. 그런 점에서 7세기는 국제관계의 변동 속에서 동아시아의 모든 나라가 극도의 정치적·군사적 긴장감에 휩싸여 있던 시대였다고 할 수 있다. 전쟁이란 극단적인 파열음에 이르기까지 이 긴장감은 서서히 한반도 삼국에 고조되어갔으며, 그것은 왜국의 경우도 결코 예외가 아니었다.

유학생·유학승의 귀국과 정책 건의

623년, 그동안 수에 견수사의 파견과 동반해 유학을 갔던 유학승·유학생들이 학업을 마치고 귀국하기 시작하였다. 이들은 귀국하자 당의 문물을 적극적으로 받아들일 것을 조정에 건의하였다. 즉 견수 유학생으로 파견되어 당에서 귀국한 에니치(慧日) 등은 중국(당)은 법식이 잘 갖추어진 나라이므로 서로 왕래할 것을 건의하고 있다. 이 정책건언은 이후의 왜국의 정치지형의 변화를 예고하는 것이었다.

한편 이들은 귀국 시에 신라를 경유했다. 백제를 거치지 않고 신라를 거쳐 귀국한 것은 당과 신라의 정치적인 의도가 다분히 반영되어 있었다. 이 무렵 야마토 조정 안에는 왜국의 외교노선 문제를 둘러싸고 친백제파와 친신라파의 의견대립이 서서히 나타나고 있었다.

622년 쇼토쿠 태자가 즉위의 꿈을 이루지 못하고 죽었다. 그리고 626년에는 소가씨 정권 창출의 주인공이었던 소가노 우마코도 태자의 뒤를 쫓듯이 생을 마감했다. 그의 지위는 세습제의 원칙에 따라 아들 소가노 에미시에게 그대로 계승되었다. 그로부터 2년 뒤에는 스이코 천황마저도 저세상으로 갔다.

이로써 스이코 천황의 시대가 막을 내림과 아울러 7세기 전반의 아스카시대를 주도했던 세 사람의 역사의 주인공들이 함께 퇴장하였다.

에미시와 조메이 천황

스이코 천황의 뒤를 이어 629년 조메이(舒明) 천황이 즉위하였다. 이 조메이 천황의 즉위를 실현시킨 것이 우마코의 아들로 소가씨의 적장자로서 오오미(大臣)의 지위를 세습한 에미시(蝦夷)였다. 그리고 이 황위계승 과정에서 쇼토쿠 태자의 아들인 야마시로노오에(山背大兄) 왕은 즉위에서 배제되었고, 그를 지지한 소가씨 일족인 사카이베노오미 마리세(境部臣摩理勢)는 소가노 에미시에 의해 주살되었다. 소가노 에메시에게는 이 왕위계승 작업이야말로 오오미(大臣) 취임 이후 조정 및 소가씨 일족들에게 자신의 존재감을 각인시키는 최초의 정치무대였던 셈이다.

632년, 당은 왜국에 고표인(高表仁)을 사신으로 보내어 친당노선에 설 것을 요구하였다. 그러나 소가씨는 이 제안을 받아들이지 않았고 당과의 최초의 만남은 불화로 끝나고 말았다. 조메이 천황이 재위 15년 만에 죽자 소가노 에미시는 조메이 천황의 비를 천황으로 즉위시켰다. 이가 바로 고교쿠(皇極) 천황이며, 을사의 변 이후 양위한 후 다시 천황위에 복귀하는 일본 최초의 중조(重祚) 천황의 사례가 되는 사이메이(齊明) 여제이다.

이루카와 고교쿠 천황

고교쿠 천황이 642년에 즉위한다. 스이코 천황에 이은 2번째의 여성 천황의 탄생이다. 새로운 여제의 탄생 후 왜국의 정계의 주도권은 아버지 에미시에서 아들 이루카로 넘어간다. 한편으로, 고교쿠 천황의 즉위 후 을사의 변의 국제적 도화선으로 작용하게 되는 한반도의 백제·고구려를 중심으로 하는 동아시아의 국제정세가 요동치기 시작한다. 고구려와 백제에서 각각 정변이 발생한 것이다. 물론 한반도에서 발생한 정변에 관한 구체적인 정보들이 왜국에도 그대로 전해졌다.

641년, 고구려에서는 연개소문의 쿠데타가 발생하여 영류왕을 비롯하여 다수의 귀족지배층이 주살되었다. 642년 정월에는 백제 의자왕이 일종의 정치적 숙청을 단행하여 반대파 왕족 및 귀족들을 추방하였다. 연개소문의 집권은 강경노선의 승리였고, 의자왕의 정변은 대신라 강경노선의 승리였다. 그리고 양자는 곧 연합하여 신라 공격에 나섰다.

신라는 서부 40여 성과 대야성을 백제에게 함락당하고, 당과의 교통 요충지인 당항성이 양국 연합군에게 협공을 당하였다.

이에 대항하여 신라는 김춘추를 고구려에 보내어 친선을 도모하고자 하였으나 연개소문은 이를 받아들이지 않았다. 백제-고구려의 연합에 대항하여 신라가 선택할 수 있는 길은 당과의 관계를 심화시키는 것이었다. 백제-고구려의 연합세력 대 신라-당 연합세력의 대립이라는 대결구도가 형성된 것이다. 이러한 국제정세의 변화에 어떻게 대처할 것인가가 640년대 당시의 야마토 조정을 이끄는 지배층의 정치적 과제로 부상하게 된 것이다.

권력집중의 방식 차이

고구려와 백제의 정변은 당의 위협에서 촉발된 각각의 권력집중의 일환이었다. 그러나 양국의 정변은 유형 면에서 상당한 차이가 있었다. 즉 고구려 정변의 경우는 신하에게 독재 권력이 주어진 이른바 '신하독재형'이라면, 백제의 경우는 의자왕 자신에게 권력이 집중되는 '군주전제형'이었던 것이다. 외부로부터 촉발된 위기감과 긴장감 속에서 그에 대처하기 위해 누군가를 중심으로 권력이 집중될 필요성이 높아졌는데, 문제는 그 주도자가 누가 될 것인가 하는 점이었다.

당시 야마토 지배층의 주된 관심은 이러한 국제적 긴장상황에 대처할 수 있는 지배체제의 강화였다. 하지만 누구의 주도로 할 것인가가 문제였다. 소가노 오오미(蘇我大臣)의 경우에 자신들의 집권체제를 바탕으로 이 위기를 극복하려고 한 반면, 반소가(反蘇我) 세력의 경우는 소가씨에게 집중되어 있는 권력을 다시 왕권 중심으로 되돌리려고 생각하였다. 비유적으로 말하면, 소가씨는 고구려 유형을, 반대세력 및 왕족의 경우는 백제 유형을 선호했다고 할 수 있다.

상궁왕가 멸망사건

외교노선과 황위계승을 둘러싼 대립

이른바 소가파와 반소가파(왕족파) 간의 정치 대립은 결국 긴박한 국제정세 속에서 어떠한 외교노선을 취할 것인가, 여제 고교쿠 천황의 뒤를 누가 이을 것인가 하는 외교노선과 황위계승의 문제로 수렴되었다.

우선 전자는 친신라 노선인가, 아니면 친백제 노선인가의 문제였다. 만약 친신라 노선을 택한다면 이는 당연히 친당정책(노선)으로 이어지며, 그것은 결국 친백제-고구려 라인과는 어느 정도 거리를 두는 입장이 되는 것이었다. 어느 편에 서느냐 하는 것은 자신의 권력기반의 유지와도 직결되는 문제였기에 대외노선의 선택문제는 곧 궁극적으로 권력집중의 방향성과도 연관될 수밖에 없었다.

한편, 후자인 왕위계승 문제에서는, 실권자인 소가노 오오미(蘇我大臣)의 입장에서는 당연히 자신의 권력유지를 위해서라도 자신이 원하는 왕족을 추대하겠지만, 반대파 즉 왕권강화를 생각하는 왕족의 입장에서 보면 소가노 오오미는 축출대상일 수밖에 없었다.

그렇기 때문에 이 문제에 관련되어 있는 지배층 모두는 서로 경계하며 긴장하지 않을 수 없었다. 소가노 에미시는 병을 이유로 아들인 소가노 이루카에게 오오미(大臣)의 권한을 위임하였는데, 『일본서기』에는 이루카의 권세가 대단하여 "도적도 두려워하고 길에 떨어진 물건도 줍는 자가 없었다"고 전하고 있다.

먼저 행동에 나선 것은 이루카 쪽이었다. 643년 11월, 이루카는 쇼토쿠 태자의 아들 야마시로노오에(山背大兄) 왕 일족을 몰살시켜버렸다. 후루히토노오에(古人大兄) 왕자를 천황으로 삼을 생각에 당시 가장 유력한 왕위계승 후보인 쇼토쿠 태자의 아들을 먼저 제거해버린 것이다. 이 사건을 계기로 위기감을 느낀 다른 왕족과 귀족 사이에 반(反)소가파의 결집이 급속도로 진행되었다. 이런 반대파의 결집을 주도한 것이 가루(輕) 황자, 즉 훗날의 고토쿠(孝德) 천황과 나카노오에(中大兄) 황자(훗날의 덴지天智 천황) 그리고 이들을 연계한 핵심인물 나카토미노 가마타리(中臣鎌足, 훗날 후지와라노 가마타리藤原鎌足로 후지와라씨의 시조가 되는 인물) 등이었다. 가루 황자는 당시의 천황인 고교쿠 여제의 친동생이고, 나카노오에 황자는 고교쿠 천황의 큰아들이었다.

을사의 변

소가노 이루카를 비롯한 소가노 오오미(蘇我大臣) 집안을 주살하려는 쿠데타 모의가 은밀히 진행되었다. 거사는 645년 6월 12일에 성공적으로 이루어졌다. 고구려와 백제의 정변에 이어 왜국에서도 마침내 정변이 일어난 것이다. 이 정변을 통상 '을사(乙巳)의 변'이라고 부른다. 645년이 을사년이기 때문이다.

이 정변으로 당시의 오오미(大臣) 소가노 이루카가 살해되고, 그 아버지 에미시도 자결함으로써 6세기 말 이래로 구축되어 온 소가씨 주도 체제가 막을 내렸다. 을사의 변 이후 고교쿠 천황은 동생 가루(輕) 황자에게 양위를 하여 그가 고토쿠 천황으로 즉위하였다. 이후, 야마토 왕권은 고토쿠조(孝德朝)의 성립을 계기로 초월적 왕권의 형성을 향해 나아갈 수 있게 되었다.

소가 본가의 멸망

야마토조정의 대신(大臣)이자 천황의 외척으로 막강한 권력을 행사했던 우마코가 사망한 이후 아들 소가노 에미시는 대신의 자리에 올랐다. 에미시는 스이코 천황의 사후, 쇼토

이루카 암살 장면

쿠 태자의 아들인 야마시로노오에(山背大兄) 황자를 미는 숙부 사카이베노 마리세(境部麻理勢)를 배제하고 조메이(舒明) 천황을 즉위시켰다. 643년에는 에미시의 아들인 이루카가 아버지의 권력을 이어받아 야마시로노오에 황자의 거처인 이카루가(斑鳩) 궁을 습격하여 상궁(上宮)왕가, 즉 쇼토쿠 태자 집안을 멸망시켰다.

『일본서기』나 『상궁왕가법왕제설(上宮王家法王帝說)』 등은 후루히토노오에(古人大兄) 왕자를 천황으로 옹립하기 위해

에미시·이루카 부자의 저택이 있던 아마카시오카 언덕

이루카가 단독으로 상궁 왕가에 대한 공격을 감행한 것으로 기록하고 있다. 그러나 다른 사료에서는 이 습격 사건에 가루노미코(輕皇子, 훗날의 고토쿠 천황) 등 다른 황자들이 가담한 것으로 전하고 있어 대왕(천황)가도 어느 정도 관련된 정치적 사건으로 이해되고 있다.

이루카는 644년, 아마카시오카(甘樫丘) 언덕에 저택을 짓는 등 그 권세를 과시하였다. 그러나 645년 6월, 아스카 이타부키궁(板蓋宮)에서 발생한 '을사의 변'으로 암살을 당하였다. 이후 나카노오에(中大兄) 황자와 나카토미노 가마타리(中臣鎌足)를 중심으로 하는 쿠데타 측은 소가 가문의 씨사(氏寺)인 아스카데라(飛鳥寺)를 점령하였다. 그러고는 이루카의 아버지인 대신(大臣) 에미시를 저택에 불을 놓아 자살하도록 만들었다. 이 사건을 '을사의 변'이라 한다.

을사의 변 이후 6세기에서 7세기에 걸쳐 중앙정권의 중추를 담당했던 소가 가문 본가가 멸망하게 되었고, 동시에 이를 계기로 개신 정권에 의한 정치 개혁인 '다이카개신(大化改新)'이 시작되었다.

일반적으로 이 을사의 변은 나카노오에 황자와 나카토미노 가마타리가 중심이 되어 중앙집권체제의 실현을 목적으로 일으킨 것으로 간주되고 있다. 그러나 그러한 국가이념에 기초한 사건이 아니라 단순한 소가씨로부터의 정권 탈취를 목적으로 한 정쟁, 즉 쿠데타였다는 견해도 있다.

현재 천황까지 이어지는 '소가씨의 핏줄'

소가씨의 원죄

645년 6월 12일, '을사의 변' 현장에서 이루카가 정치적 동반자였던 고교쿠(皇極) 여제의 면전에서 그 아들 나카노오에(中大兄) 황자의 칼에 쓰러지면서 남긴 마지막 한 마디는

"천황이시여, 저에게 무슨 죄가 있습니까?"

라는 항변이었다.

천황은 심히 놀라 아들에게 "대체 무슨 짓을 하는지 모르겠구나. 무슨 일이 있는 것인가"라고 물었다. 이에 대해 나카노오에 황자는 자신의 어머니에게 이루카를 처단한 이유를 웅변한다.

"이루카는 천종(天宗, 천황가)을 멸망시키고 일위(日位, 황위)
를 쇠하게 하려 합니다. 어찌 천손으로서 구라쓰쿠리(鞍作, 이루
카를 말함)에게 대신하게 할 수 있겠습니까(어찌 이루카 따위와 천
손을 바꿀 수 있겠습니까)."

　　일본의 전근대 역사 특히 고·중세시대에는 천황가를 겁
박하거나 박해하는 일은 불교를 탄압하는 행위와 함께 결코
용서받을 수 없는 최대의 죄악이자 악업이라는 점을 일깨워
준다.

　　이 점에 비추어보면 소가씨는 천황가에 대해 씻을 수 없
는 죄를 두 차례에 걸쳐 저질렀다고 할 수 있다. 최초의 죄는
이루카의 조부 우마코가 야마토노아야노아타이(東漢直)를
시켜 스슌 천황을 암살한 일이며, 두 번째의 죄업은 이루카
가 자신의 손으로 쇼토쿠 태자의 상궁왕가(야마시로노오오에
왕 일족)를 멸망시킨 일이다.

　　적어도 일본역사에서 천황가에 대한 불경은, 그것을 행한
대상에게는 그 의도와는 무관하게, 언제나 그 반대세력에게
타도할 수 있는 최고의 명분을 제공하는 요인으로 작용하게
되는 것이다.

미완의 왕조—소가씨 정권인가, 소가왕조인가?

• 소가씨에 대한 일반적 평가

일반적으로 교과서에서 소가씨에 대한 평가는 부정적이다. 특히 '을사의 변'으로 최후를 맞게 되는 이루카는 희대의 극악무도한 인물로 묘사되고 있는 경우가 많은데 이는 물론 전적으로 『일본서기』의 평가에 의한 것이다. 그러나 『일본서기』의 기술이 시종일관 천황중심사관에 의해 윤색·개변되어 있다는 점은 이미 상식이다. 따라서 이루카를 포함한 소가씨에 대한 평가도 재고되지 않으면 안 될 것이다.

이와 관련해 『일본서기』 고교쿠 천황 원년(642년) 12월조의 다음 기사는 매우 흥미롭다.

"이 해에 소가대신 에미시는 스스로 선조의 사당을 가쓰리기(葛城)의 고궁(高宮)에 세워 팔일의 춤(八佾舞)을 추었다."①

"모든 나라 안의 백성과 180부곡을 징발하여 미리 쌍묘(双墓)를 이마키(今來)에 만들었다. 하나는 대릉이라 부르고 대신의 묘로 삼았다. 다른 하나는 소릉이라 부르고 이루카의 묘로 삼았다. 죽은 뒤에 묘를 조영하는 일로 사람들을 고생시키는 일이 없기를 원하였던 것이다."②

"다시 상궁의 유부 백성을 모아서 형조소에서 사역하게 하였다. 이 때문에 상궁대낭희왕이 '소가신은 국정을 마음대로

하고 무례한 행동이 많다. 하늘에 두 개의 해가 없는 것과 같이
나라에 두 군주가 없다. 무슨 이유로 마음대로 백성 등에게 일
을 시키는가'라고 분개하였다. 이러한 일 때문에 대신과 이루
카신은 사람들의 원한을 사서 결국에는 두 사람 모두 멸망하
게 되었다."③

이 기사 가운데 ①과 ②는 당시의 소가씨 집안이 지닌 천
황가를 능가하는 힘(권세)과 위상을 단적으로 보여주고 있는
내용이다.

즉 중국에서는 천자만이 행할 수 있는 64명으로 구성된
팔일무를 에미시가 집안의 행사에서 선보이고 있고, 나라의
백성들을 마음대로 동원해 자신들의 묘를 조성하고 있으며,
더욱이 그 묘의 이름을 왕의 묘에나 붙일 수 있는 명칭인 대
릉(大陵), 소릉이라고 부르고 있는 것이다.

더욱이 에미시 부자의 수릉(壽陵), 즉 살아생전에 미리 마
련해두는 무덤의 조영을 말하는 것인데, 진시황의 여산릉과
한무제의 무릉이 상기된다.

이에 대해 ③은 일본서기의 역사관 즉 천황중심주의 역사
인식에 기초한 소가씨에 대한 평가를 잘 나타내고 있다. 이
에 따르면 소가씨 일족은 천황가에 대한 금도를 벗어난 행
위로 인해 마땅히 멸문지화를 당해야만 하는 집안인 것이다.

• 이루카에 대한 평가

'을사의 변'의 희생양이 된 이루카는 청년시절, 견수사 파견에 동반한 학문승으로 중국(수)에 유학 후 당에서 귀국한 이마키노아야히토 민(今來漢人旻)의 학당에서 나카토미노 가마타리(中臣鎌足) 등과 함께 배웠다. 그때 이루카는 민으로부터 문하생 중 제1급의 인물이라는 평가를 받았다고『가전(家傳)』상(소가씨 본종가를 멸망시킨 주역인 후지와라노 가마타리=나카토미노 가마타리의 전기)에 전하고 있다. 이를 통해 이루카가 매

미세마루야마고분

이시부타이고분. 아스카시대 소가씨 권력의 확고한 토대를 구축한
소가노 우마코의 무덤

우 총명한 인물이었음을 알 수 있다.

이후 642년 고교쿠 천황이 즉위할 무렵부터 점차 국정에
관여하여 그 권세가 아버지 에미시를 능가할 정도였다고 한
다. 643년 10월, 에미시가 조정에 나가지 않고 사적으로 자
관(紫冠)을 이루카에게 수여함으로써 오오미(大臣)의 지위를
넘겨주었다고 한다.

당시, 이루카는 반(反)소가씨 움직임에 대응하기 위해 친
연관계에 있던 후루히토노오에노미코(古人大兄王)의 즉위를
계획하고 동년 11월, 쇼토쿠 태자의 아들인 야마시로노오에
노미코(山背大兄王)를 토멸할 목적으로 그 거처인 이카루가
궁(斑鳩宮)을 습격해 일족을 모두 자살하게 만들었다. 소위
상궁왕가멸망사건을 일으킨 것이다. 이 이루카의 극단적인

행동은 결국, 나카노오에(中大兄) 황자와 나카토미노 가마타리(中臣鎌足) 등 소가씨 반대파에게 최적의 대의명분, 즉 타도의 정당성을 제공하는 결과가 되었다.

아스카 주변은 소가씨 일족의 묘

아스카의 서쪽 편에 야마토(大和) 지방 최대의 전방후원분인 미세마루야마(見瀨丸山)고분이 있다. 전장은 약 310미터의 거대고분으로, 피장자는 바로 소가노 이나메이다. 그 남쪽에 위치한 우메야마(梅山)고분은 긴메이(欽明) 천황의 히노쿠마사카(檜隈坂)합장릉으로 612년에 기타시히메(堅塩媛)와 합장되었다.

더욱 유명한 것은 이시부타이(石舞臺)고분으로 우마코의 무덤인 모모하라묘(桃原墓)다. 에미시와 이루카의 무덤인 이마키(今來)의 쌍묘(双墓)=대릉과 소릉도 고조노(五條野)의 미야가하라(宮原) 1호분과 2호분으로 비정되고 있다.

결국 아스카시대의 중심지인 아스카 주변에 매장된 것은 이나메에서 비롯하여 우마코-에미시-이루카로 이어지는 소가씨 4대이며, 소가씨가 아닌 경우는 이나메의 딸인 기타시히메와 합장된 긴메이 천황이 유일하다. 비다쓰, 요메이, 스이코 천황 등은 모두 가와치(河內)의 시나가(磯長)에 묻혀 있다. 시나가는 오늘날의 오사카 부 미나미가와치(南河內)군 다이시(太子)정에 해당한다.

소가씨의 본거지 아스카지방의 경관

• 아스카의 이정표와 랜드마크는 이나메의 무덤과 아스카데라

소가노 이나메를 매장한 미세마루야마고분은 마치 아스
카지역을 제압하는 것처럼 군림하고 있다. 마루야마 고분의
동쪽에는 우마코가 건립한 아스카데라(飛鳥寺)의 탑이 하늘
높이 솟아있다. 그 남쪽에는 우마코의 저택인 시마노미야(嶋
宮)가 있다. 에미시·이루카의 시대에는 아스카가와(飛鳥川)
를 사이에 둔 아마카시언덕(甘樫丘)에 두 부자의 저택이 있
었는데, 각각 상궁문(上宮門)과 곡궁문(谷宮門)이라 불렸다고
한다. 부자의 거처는 현실의 권력의 소재를 잘 보여주는 건
물, 즉 궁궐이나 다름없었던 것이다.

아울러 에미시·이루카 부자는 자신의 자식들을 왕자라
부르고 있었으며, 저택 주변은 무력을 동원해 경비를 하였
다. 우네비산의 동쪽에도 집을 짓고 연못을 파서 성(城)으로
삼고 동쪽의 방비를 강화하고 아야(漢)씨 일족을 부하로 거
느렸다.

야마토의 간선도로의 경우도 나니와에서 경(京)에 이르는
대도(大道)가 613년에 설치되었는데, 이 도로(24쪽 참조)는 나
니와에서 다케노우치(竹內) 고개를 넘어 횡대로(橫大路, 요코

오지)를 동쪽으로 향하면 아스카로 이르는 길이다. 또한 이 횡대로와 직교하여 나라분지 중앙을 남북으로 관통하는 것이 하도(下道, 시모쓰미치)인데 이 도로도 같은 무렵에 완성되었다고 한다. 이 하도를 기준으로 하여 더 동쪽으로 중도(中道, 나카쓰미치)와 상도(上道, 가미쓰미치)가 정비된다. 이로써 나라분지에 아스카를 중심으로 하는 도로망이 성립하게 된다.

주목할 만한 사실은 그 하도의 기점이 다름 아닌 이나메의 무덤인 미세마루야마고분의 전방부 정면중앙이라고 한다(岸俊男, 1970). 그렇다면 우마코는 결국 아버지 이나메의 묘를 기점으로 하여 야마토 지역의 방위를 결정한 것이라 할 수 있다(大山誠一, 2009).

아스카의 주인은 소가씨, 천황가는 소가씨의 괴뢰?

대신(大臣, 오오미)의 지위가 이나메에서 우마코로 이어지는 긴메이 천황에서 비다쓰, 요메이, 스슌, 스이코에 이르는 당시의 조정은 우마코가 정치를 독점하고 있어서 어떤 점에서는 당시의 천황들은 소가씨의 괴뢰에 지나지 않았다.

그 단적인 사례가 우마코의 의도에 따른 스슌 천황 암살이다. 스이코 이후의 조메이·고교쿠 천황 시대에도 에미시·이루카 부자가 조정을 장악하여 실질적으로 정치를 독점하고 있었다. 결국, 당시 최고의 정치적 지위인 대신(大臣)의 직위를 세습하는 4대 100년 동안 명실상부한 아스카의 지배자로서 군림한 것은 바로 소가씨 집안이었다.

우마코는 관위제 시행 및 국사편찬의 주체

603년 왜국 최초로 관위제가 제정된다. 관위 제도는 우선 머리에 쓰는 관(冠)의 종류를 12가지로 나누어 그것으로써 조정에 출사하는 관인들의 지위를 시각적으로 구분하고자 한 것인데 주목되는 점은 이 관위제가 기나이(畿內)의 호족들을 그 대상으로 시행했음에도 불구하고 왕족과 당시 최고의 실세인 우마코는 수여 대상에서 제외되었다는 점이다. 즉, 우마코는 바로 관위의 수여주체로서 관위를 받지 않고 있다. 이는 우마코가 당시의 대왕(천황) 스이코의 신하가 아닌 대왕(천황)과 동격임을 단적으로 보여주고 있다.

역사서 편찬과 관리(보존)는 국가의 중차대한 사업이다. 우마코의 주도로 왜국 최초의 역사서(『천황기』 및 『국기』 등)가 편찬되고 그 사서들은 대대로 소가씨 집안에서 보관·관리되고 있는 것이다. 이는 소가씨의 가정기구가 단순한 일족의 가정기관에 그치지 않고 국가의 중요한 지배기관(기구)의 역할을 수행했다는 사실을 잘 말해준다.

아스카데라 완공식에서 백제복을 입고 행사

소가씨의 씨사인 아스카데라의 완공에 즈음하여 열린 의식에서 우마코와 두 아들, 그리고 종자 100여 명이 모두 '백제복'을 착용하고 행사를 거행하고 있다. 만약 이 행사에서 소가씨 일족이 애써 백제복을 입은 의미가 왜국에 대한 백제의 복속을 상징하는 의미가 아니라면, 이는 소가씨 일족의 정체성, 즉 자신들의 아이덴티티를 만천하에 과시하는 정치적 연출로 이해하지 않으면 안 된다. 즉 소가씨가 백제 출신임을 가시적으로 말하고 있는 것이다.

수사 배세청과의 면담-외교권의 소재는?

외교권과 군사권은 군주대권, 즉 천황의 고유권한에 해당한다(이시모다 石母田正, 『日本の古代國家』). 607년, 왜국의 견수사 오노노이모코(小野妹子)에 대한 답사로 수에서 배세청을 파견한다. 그런데 『수서(隋書)』에 따르면 배세청이 왜국에서 알현한 왕은 여왕이 아닌 남성의 왕이었다고 한다. 또한 왕자와 예를 다투었다고도 전하고 있다. 이에 대해 『수서』 왜국전의 사료적 신빙성에 기초해 수사 배세청과 면담한 인물은 여제 스이코 천황이 아닌 소가노 우마코였다고 단언한다(오야마 세이이치大山誠一). 만약 그렇다면, 7세기 전반의 스이코 천황 시대에 우마코는 적어도 천황을 대신해 외교권을 장악하고 외교를 관장했음을 알 수 있다.

우마코의 위상

우마코가 병이 들었을 때 그의 병 회복을 기원하기 위해
남녀 1,000명을 출가시켰다고 한다. 이는 우마코의 당시의
위상을 잘 말해주는 사례라 할 수 있다. 참고로 후대의 일로
687년에 지토(持統) 천황이 남편 덴무(天武) 천황의 명복을
빌기 위해 아스카데라(飛鳥寺)에서 승 300명을 모아 법회를
열었던 사례가 있는데, 이와 비교해보면 당시의 왜국에서 우
마코의 위치를 가늠할 수 있을 것이다.

팔일무(八佾舞)를 펼치다

고교쿠 조정(皇極朝)의 대신 에미시가 자신들의 연고지인
가쓰라기에 조상의 묘(廟, 사당)를 세우고 팔일무를 추었다는
기사가 전해지는데, 이는 당시의 소가씨 집안의 위상을 단적
으로 보여주고 있다.

팔일무란 나라의 큰 제사 때 악생 64명이 8열로 서서 추
는 문무(文舞)나 무무(武舞)를 말하는데, 이는 중국의 예법에
서는 천자만이 행할 수 있는 것으로 제후는 6열 48명, 대부
는 4열 32명, 사(士)는 2열 16명이 기본이다.

따라서 에미시는 왜국에서 중국의 천자(황제)에 준하는 왕

을 자처했다고도 할 수 있고, 조묘(祖廟)에서 행했다는 점에서는 소가씨 집안 자체를 왕가로 인식했고 이를 정치적으로 당시의 지배층들에게 어필한 고도의 정치적 퍼포먼스로 이해할 수 있을 것이다.

이렇게 볼 때, 이나메에서 이루카로 이어지는 소가씨 4대는 결국 공식적으로 왕(대왕)을 칭하지는 않았지만, 정치권력에 있어서는 실질적인 왕(천황)과 같은, 아니 왕을 능가하는 정치적 지위를 대대로 세습하면서 100년간 권력을 행사했음을 알 수 있다.

이를 과연 소가씨 정권이라 부를까, 아니면 소가왕조라 칭해야 마땅할 것일까?

소가씨의 유산

한편, 현재까지 이어지는 일본 고대문화의 원형은 불교문화이다. 그 대표적인 유산의 하나가 소가노 우마코 시대를 중심으로 형성된 아스카시대의 문화 즉 고대 일본 최초의 본격적인 불교문화인 아스카문화이며, 일본 최초의 사찰이 소가씨의 씨사로 우마코의 손으로 건립된 아스카데라(飛鳥寺)다. 또한 현존하는 그 대표적인 유물이 일본이 자랑하는 세계문화유산 목록의 첫 번째를 장식하는 세계 최고(最古)의 목조건축물인 호류지(法隆寺)다.

　동서고금을 막론하고 권력쟁취(장악)의 첩경 중 하나는 왕(최고 권력자)의 외척이 되는 것이 아닐까. 일본의 역사에서도 결코 예외는 아니었다.

　일본고대의 경우, 당대의 권력을 누렸던 씨족은 대체로 천황가의 '미우치(ミウチ)', 즉 외척이 되고 있음을 확인할 수 있다. 즉 천황가의 외척이 되는 것이야말로 권력 제1의 원천이 되고 있는 것이다.

　또 하나의 권력의 원천은 도래인과의 결합에 있다. 즉 그들의 권력의 원천은 공통적으로 도래인이 지닌 최신·고도의 각종 선진문화 및 기술·기능—생산 방면, 문서행정, 통치술 및 군사와 정치외교 등과 밀접한 제 분야—의 독점적 장악에 있으며, 이는 정치적 대립세력(씨족)에 대해 일정한 우위를 유지해나가는 데 결정적 요인으로 작용하고 있다. 그리고 이는 다름 아닌 고대국가의 가장 중요한 부분인 재정과 외교를 장악하는 것으로 직결되는 것이다.

　그 전형을 우리는 소가(蘇我)씨 집안에서 볼 수 있다. 이미 확인한 것처럼, 소가씨는 소가노 이나메 이후 우마코, 에미시 그리고 이루카에 이르는 4대에 걸쳐 약 100년 동안 왜국(야마토 정권)의 권력의 정점에 있었는데, 이 일본고대 아스카

시대를 대표하는 세력인 소가씨 일족이 정계에 진출 후 최고 권력을 장악하게 된 이유는 다음의 세 가지로 요약된다.

소가노 이나메 대에 이르러 ①야마토(大和)왕권의 재정과 외교를 관리감독하고, 지도하는 입장에 서서 백제와의 강고한 외교네트워크를 구축하여 정계를 자신에게 유리하게 움직일 수 있었고, ②최첨단의 선진문명의 체현자인 신구의 도래인(渡來人)을 배하에 항상적으로 조직하여 각종의 새로운 선진지식이나 기술을 적극적으로 도입하고 독점할 수 있었으며, ③딸을 천황의 비(妃)로 삼아 대왕(천황)가와 중층적인 친척(외척)관계를 맺고 있었던 것이다.

물론 ①을 물리적으로 가능하게 한 것이 바로 ②의 요소이며, 또한 ①과 ②를 가능케 한, 좀 더 근원적인 요소이면서도 최대의 정치 요인이자 소가씨 권력의 원천으로 작용한 것이 곧 ③의 요소다.

즉 일본고대에 현실 권력자의 권력을 정상적으로 작동시키는 최대의 원천은 다름 아닌 일본사상의 권력과 권위의 상징인 천황가와의 중층적인 외척관계의 형성과 유지였던 것이다. 긴메이 천황의 장인이 된 이나메에서 비롯된 소가씨의 권력은 그 아들 우마코의 시대에 이르러 위의 세 요소가 상호작용해 그 절정에 이르렀음은 두 말할 나위가 없다.

그리고 일본고대의 역사에서 확인되는 소가(蘇我)씨가 걸

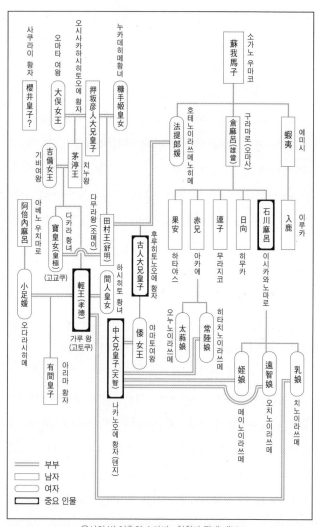

을사의 변 이후의 소가씨 · 천황가 관계 계보

었던 외척의 역사, 즉 외척으로서의 최고 권력자의 길은 이후 그 충실한 정치적 후계자라 할 수 있는 후지와라(藤原)씨로 그대로 계승 발전되고 있음 또한 주지의 사실이다. 소가씨 4대에 걸친 100년간의 흥망 즉 소가씨의 전철(前轍)은 후지와라씨에게는 반면교사로 좋은 정치적 스승의 역할을 하였던 것이다. 4대 100년 후에 본종가의 멸망으로 이어진 소가씨의 경우와 달리, 헤이안 시대 중기에 전성기를 구가하던 후지와라씨 섭관가의 권력이 후기인 원정기에 들어서도 여전히 유지된 연유다.

본종가 멸망 이후의 소가씨의 행방

소가씨는 645년 6월의 다이카개신(大化改新, 을사의 변)으로 완전히 멸망한 것이 아니다. 멸망한 것은 이나메에서 시작되어 우마코에 이르러 가문의 전성기를 구가한 후 에미시·이루카로 이어진 소가씨 본종가일 뿐이다. 본종가 이외의 소가씨 집단은 다이카개신 이후에도 왜국 조정 내에서 최초의 대신(大臣)을 배출한 명문가로 그 가문의 영광과 위광에 힘입어 여전히 중앙호족인 대부(大夫)층을 대표하고, 왜국 조정을 총괄하는 대신가(大臣家)로서의 소가씨 가문 자체의 정치적 지위는 결코 흔들림이 없었다.

그 단적인 예가 다이카 개신 후에 성립한 고토쿠(孝德) 천황의 신정권 아래서 아베노우치마로노오미(阿倍內麻呂臣)의 좌대신에 이어 소가씨를 대표하는 인물 소가노구라야마다노이시카와마로노오미(蘇我倉山田石川麻呂臣)가 우대신에 임명되고 있다는 사실이다.

결국 소가씨집단 전체의 입장에서 보면 을사의 변으로 소가본종가를 대표하는 씨상(氏上)의 자리가 에미시·이루카 부자 계통에서 구라마로(倉麻呂)계로 이동한 것에 지나지 않는다. 마찬가지로 소가씨의 피를 이은 여성이 천황가의 후비가 되는 것도 을사의 변 이후 그대로 지속되고 있었다.

따라서 그 결과로 소가씨의 피를 받은 왕족은 나라(奈良) 시대의 중반에 이르기까지 중요한 위치를 점하고 있는 것이다. 즉 소가씨의 피는 황실에 면면히 이어졌다. 또 다른 한편으로는 소가씨의 피가 후지와라노 후히토(藤原不比等)와의 결합에 의해 그 정치적 후계자로 등장한 신흥 귀족 후지와라씨에게로 수혈되면서 그대로 이어지게 된다.

오늘날의 천황 가문으로 이어지는 소가 가문의 피

부연하자면, 645년의 을사의 변으로 소가 가문의 본가는 멸망하였으나, 소가 본가 및 방계의 여성들을 통해 소가 가문의 피가 천황가 및 고대 최대의 귀족 집안이자 권력가인 후지와라 가문에 이어지고 있다고 할 수 있다. 즉 천황 가문과 관련해서는 소가노 이나메의 딸 소가노 기타시히메(堅鹽娘)가 사쿠라이(櫻井) 황자를 낳은 이래 오늘날의 천황으로 이어지고 있다. 후지와라 가문과 관련해서는 후지와라노 가마타리의 아들인 후지와라노 후히토가 소가노 무라지코(蘇我連子)의 딸 소가노 쇼시(娼子)를 측실로 맞았는데, 그 사이에 태어난 아들들이 바로 후지와라 남가(南家)의 시조인 무치마로(武智麻呂), 북가(北家)의 시조인 후사사키(房前), 식가(式家)의 시조가 되는 우마카이(宇合)다(구라모토 가즈히로).

참고문헌

『古事記』『古語拾遺』『公卿補任』『紀氏家牒』『三國史記』『三國遺事』『上宮聖德法王諸說』『聖德太子傳略』『聖德太子傳曆』『續日本紀』『續日本記』소인「伊豫國風土記」『新撰姓氏錄』『日本書紀』『懷風藻』

나행주,『왜 일본에 사무라이가 등장했을까』, 자음과모음, 2012.

연민수·김은숙·정효운·이근우·나행주·서보경·박재용,『역주 일본서기』1~3, 동북아역사재단, 2013.

이영·나행주,『일본고중세사』, 한국방송대학출판문화원, 2018.

加藤謙吉,『大和政權と古代氏族』, 吉川弘文館, 1991.

加藤謙吉,『蘇我氏と大和王權』, 吉川弘文館, 1983.

加藤謙吉,『大和の豪族と渡來人』, 吉川弘文館, 2002.

加藤謙吉,『渡來氏族の謎』, 祥傳社新書, 2017.

吉村武彦 編,『古代を考える 繼體·欽明朝と佛敎傳來』, 吉川弘文館, 1999.

金鉉球,『大和政權の對外關係研究』, 吉川弘文館, 1985.

大橋一章,『飛鳥の文明開化』, 吉川弘文館, 1997.

大山誠一,『天孫降臨の夢』, 日本放送出版協會(NHK出版), 2009.

黛弘道,『律令國家成立史の研究』, 吉川弘文館, 1982.

黛弘道 編,『古代を考える 蘇我氏と古代國家』, 吉川弘文館, 1991.

黛弘道,『蘇我氏と古代國家』, 吉川弘文館, 1991.

黛弘道,『物部·蘇我氏と古代王權』, 吉川弘文館, 1995.

武光誠,『蘇我氏の古代史-謎の一族はなぜ滅びたのか』, 平凡社新書, 2008.

門脇禎二,『蘇我蝦夷·入鹿』, 吉川弘文館, 1977.

門脇禎二,『新版 飛鳥-その古代史と風土』, 日本放送出版協會, 1977.

門脇禎二,『蘇我蝦夷·入鹿』, 吉川弘文館, 1977.

門脇禎二,『飛鳥古京』, 吉川弘文館, 1994.

白石太一郎,『古墳とやまと政權-古代國家はいかに形成されたか』, 文春新
    書, 1999.

上田正昭 編,『探訪 古代の道』1~3券, 法藏館, 1988.

西川壽勝·相原嘉之 他,『蘇我三代と二つの飛鳥-近つ飛鳥と遠飛鳥』, 新泉
    社, 2009.

石母田正,『日本の古代國家』, 岩波書店, 1971.

小和田哲男 監修,『日本史1000人』上, 世界文化社, 2010.

水谷千秋,『謎の豪族 蘇我氏』, 文春新書, 2006.

新川登龜男, 『日本古代文化史の構想』, 名著刊行會, 1995.

岸俊男, 『藤原仲麻呂』, 吉川弘文館, 1969.

岩城隆利, 『元興寺の歷史』, 吉川弘文館, 1999.

鈴木靖民 編, 『古代東アジアの佛教と王權-王興寺から飛鳥寺へ』, 勉誠出
　　版, 2010.

熊谷公男, 『日本の歷史03 大王から天皇へ』, 講談社, 2001.

遠山美都男, 『蘇我氏四代-臣, 罪を知らず』, ミネルビァ書房, 2006.

日野昭, 『日本古代氏族傳承の硏究』, 永田文昌堂, 1971.

田中史生, 『倭國と渡來人』, 吉川弘文館, 2006.

佐伯有淸, 『新撰姓氏錄の硏究』 考證篇 第1~2卷, 吉川弘文館, 1981, 1982.

直木孝次郎, 『日本古代の氏族と天皇』, 塙書房, 1964.

倉本一宏, 『日本古代國家成立期の政權構造』, 吉川弘文館, 1997.

倉本一宏, 『蘇我氏-古代豪族の興亡』, 中央公論新社, 2015.

坂靖·靑柳泰介, 『葛城の王都-南鄕遺跡群』, 新泉社, 2011.

平林章仁, 『蘇我氏の實像と葛城氏』, 白水社, 1996.

平野邦雄, 『歸化人と古代國家』, 吉川弘文館, 1993.

나행주, 「왜 왕권과 백제·신라의 질」, 『일본역사연구』 24, 2006.

나행주, 「고대 일본의 국제관계와 대외인식」, 『사림』 41, 2012.

나행주, 「왜국의 제3차 견당사와 백제·신라」, 『백제연구』 58, 2013.

나행주, 「일본고대국가와 백제계 도래인」, 『한일관계사연구』 52, 2015.

나행주, 「신찬성씨록 황별씨족 화이(와니)씨의 출자에 관한 연구」, 『일본공간』 25, 2019.

加藤謙吉, 「古代史からみた葛城氏の實態」, 大阪府立近つ飛鳥博物館, 『やまと王權と葛城氏-考古學からみた古代氏族の盛衰』, 吉川弘文館, 2014.

大橋信彌, 「繼體·欽明朝の內亂」, 吉村武彦 編, 『古代を考える 繼體·欽明朝と佛敎傳來』 吉川弘文館, 1999.

大脇潔, 「蘇我氏の氏寺からみたその本據」, 『堅田直先生古稀記念論文集』 堅田直先生古稀記念論文集刊行會, 1997.

白石太一郎, 「古墳から見た葛城地域の政治勢力の動向」, 大阪府立近つ飛鳥博物館, 『やまと王權と葛城氏-考古學からみた古代氏族の盛衰』, 吉川弘文館, 2014.

白石太一郎, 「明日香村都塚古墳の造營年代」, 『大阪府近つ飛鳥博物館 館報』 18, 2015.

本鄕眞紹, 「佛敎傳來」, 吉村武彦 編, 『古代を考える 繼體·欽明朝と佛敎傳來』, 吉川弘文館, 1999.

相原嘉之, 「蘇我三代の遺跡を掘る-邸宅·古墳·寺院」, 『蘇我三代と二つの飛鳥-近つ飛鳥と遠つ飛鳥』, 新泉社, 2009.

上川通夫, 「やまと國家時代の佛敎」, 『日本中世佛敎形成史論』, 校倉書房, 2007.

西川壽勝, 「近つ飛鳥の古墳と寺院」, 『蘇我三代と二つの飛鳥-近つ飛鳥と

遠つ飛鳥』, 新泉社, 2009.

小澤毅, 「吉備池廢寺の發掘調査」, 『佛教藝術』235, 1997.

小澤毅, 「飛鳥の都と古墳の終末」, 『岩波講座 日本歷史』第2卷, 岩波書店, 2014.

水谷千秋, 「河內飛鳥と大王と蘇我氏」, 『ヒストリア』212, 2008.

岸俊男, 「たまきはる內の朝臣-建內宿禰傳承成立試論」, 『日本古代政治史研究』, 塙書房, 1966.

鈴木靖民, 「木滿致と蘇我氏-蘇我氏 百濟人說によせて」, 『日本の中の朝鮮文化』51, 1981.

鈴木靖民, 「王興寺から飛鳥寺へ-飛鳥文化の形成」, 鈴木靖民 編, 『古代東アジアの佛教と王權-王興寺から飛鳥寺へ』, 勉誠出版, 2010.

熊谷公男, 「蘇我氏の登場」, 吉村武彦 編, 『古代を考える 繼體·欽明朝と佛教傳來』, 吉川弘文館, 1999.

前田晴人, 「蘇我蝦夷·入鹿の双墓について」, 『日本歷史』631, 2000.

前之園亮一, 「蘇我氏の同族」, 黛弘道 編, 『古代を考える 蘇我氏と古代國家』, 吉川弘文館, 1991.

增田一裕, 「見瀨丸山古墳の被葬者-檜隈·身狹地域所在の大王陵級の古墳を中心として」, 『古代學研究』124·125, 1991.

倉本一宏, 「古代氏族そか氏の終焉」, 『日本古代國家成立期の政權構造』吉川弘文館, 1997.

塚口義信, 「葛城縣と蘇我氏」, 『續日本紀研究』231·232, 1984.

河上麻由子,「遣隋使と佛敎」,『古代アジア世界の對外交渉と佛敎』, 山川出

　版社, 2011.

프랑스엔 〈크세주〉, 일본엔 〈이와나미 문고〉, 한국에는 〈살림지식총서〉가 있습니다.

소가씨 4대 고대 일본의 권력 가문

펴낸날	초판 1쇄 2019년 8월 30일

지은이	나행주
펴낸이	심만수
펴낸곳	(주)살림출판사
출판등록	1989년 11월 1일 제9-210호

주소	경기도 파주시 광인사길 30
전화	031-955-1350 팩스 031-624-1356
홈페이지	http://www.sallimbooks.com
이메일	book@sallimbooks.com

ISBN	978-89-522-4069-9 04080
	978-89-522-0096-9 04080 (세트)

이 도서의 국립중앙도서관 출판시도서목록(CIP)은 서지정보유통지원시스템 홈페이지
(http://seoji.nl.go.kr)와 국가자료공동목록시스템(http://www.nl.go.kr/kolisnet)에서
이용하실 수 있습니다.(CIP제어번호: CIP2019028960)

책임편집·교정교열 최정원 이상준 지도 일러스트 김태욱

인물로 보는 일본역사 시리즈 전11권

홍성화 외 10인 지음

2019년 3·1 운동 100주년 기념, 2020년 8·15 광복 75주년을 기념하여 일본사학회가 기획한 시리즈. 가깝지만 멀기만 한 일본과의 관계를 돌아보기 위해 한국사와 밀접한 대표적인 인물 11명의 생애와 사상을 알아본다.

577 왜 5왕(倭 五王)
수수께끼의 5세기 왜국 왕 (인물로 보는 일본역사 1)

홍성화(건국대학교 글로컬캠퍼스 교양대학 역사학 교수) 지음

베일에 싸인 왜 5왕(찬·진·제·흥·무)의 실체를 파헤침으로써 5세기 한일관계의 실상을 재조명한다.

키워드 🔍

#왜국 #왜왕 #송서 #사신 #조공 #5세기 #백제 #중국사서 #천황 #고대

578 소가씨 4대(蘇我氏 四代)
고대 일본의 권력 가문 (인물로 보는 일본역사 2)

나행주(건국대학교 사학과 초빙교수) 지음

일본 고대국가에 커다란 족적을 남긴 백제 도래씨족 소가씨. 그중 4대에 이르는 소가노 이나메(506?~570)·우마코(551?~626)·에미시(?~645)·이루카(?~645)의 생애와 업적을 알아본다.

키워드 🔍

#일본고대 #도래인 #외척 #불교 #불교문화

579 미나모토노 요리토모(源賴朝)
무사정권의 창시자 (인물로 보는 일본역사 3)

남기학(한림대학교 일본학과 교수) 지음

무사정권의 창시자 미나모토노 요리토모(1147~1199)의 파란만장한 생애와 사상의 전모를 밝힌다.

키워드 🔍

#무사정권 #가마쿠라도노 #무위 #무민 #신국사상 #다이라노 기요모리 #고시리키와 #최충헌

580 도요토미 히데요시(豊臣秀吉)
일본 통일을 이루다 (인물로 보는 일본역사 4)

이계황(인하대학교 일본언어문화학과 교수) 지음

동아시아 국제전쟁으로서의 임진왜란과 난세를 극복하고 일본천하를 통일한 도요토미 히데요시(1537~1598)를 통해, 일본을 접근해본다.

키워드 Q

#센고쿠기 #오다 노부나가 #도쿠가와 이에야스 #임진왜란 #강화교섭 #정유재란

581 요시다 쇼인(吉田松陰)
일본 민족주의의 원형 (인물로 보는 일본역사 5)

이희복(강원대학교 일본학과 교수) 지음

일본 우익사상의 창시자 요시다 쇼인(1830~1859). 그가 나고 자란 곳 하기시(萩市)에서 그의 학문과 사상의 진수를 눈과 발로 확인한다.

키워드 Q

#병학사범 #성리학자 #국체사상가 #양명학자 #세계적 보편성 #우익사상 #성리학

582 시부사와 에이이치(渋沢栄一)
일본 경제의 아버지 (인물로 보는 일본역사 6)

양의모(인천대학교 동북아 통상학과 강사) 지음

경제대국 일본의 기초를 쌓아올린 시부사와 에이이치(1840~1931). '일본 경제의 아버지'라 불리는 그의 삶과 활동을 조명한다.

키워드 Q

#자본주의 #부국강병 #도덕경제론 #논어와 주판 #민간외교 #합본주의

583 이토 히로부미(伊藤博文)
일본의 근대를 이끌다 (인물로 보는 일본역사 7)

방광석(동국대학교 대외교류연구원 연구교수 · 전 일본사학회 회장) 지음

침략의 원흉이자 근대 일본의 기획자 이토 히로부미(1841~1909)의 생애를 실증적·객관적으로 살펴본다.

키워드 Q

#입헌 정치체제 #폐번치현 #대일본제국헌법 #쇼카손주쿠 #천황친정운동 #을사늑약
#한국병합

584 메이지 천황(明治天皇)

일본 제국의 기초를 닦다 (인물로 보는 일본역사 8)

박진우(숙명여자대학교 일본학과 교수) 지음

메이지 천황(1852~1912)의 '실상'과 근대 이후 신격화된 그의 '허상'을 추적한다.

키워드 🔍

#메이지유신 #메이지 천황 #근대천황제 #천황의 군대

585 하라 다카시(原敬)

평민 재상의 빛과 그림자 (인물로 보는 일본역사 9)

김영숙(고려대학교 한국사연구소 연구교수) 지음

일본 정당정치의 상징이자 식민지 통치의 설계자. 평민 재상 하라 다카시(1856~1921)를 파헤친다.

키워드 🔍

#정당정치 #문화정책 #내각총리대신 #평민 재상 #입헌정우회 #정우회

586 히라쓰카 라이초(平塚らいてう)

일본의 여성해방운동가 (인물로 보는 일본역사 10)

정애영(경상대 · 방송통신대 일본사 · 동아시아사 강사) 지음

일본의 대표 신여성 히라쓰카 라이초(1886~1971). 그녀를 중심으로 일본의 페미니즘 운동과 동아시아의 신여성을 조명한다.

키워드 🔍

#신여성 #세이토 #신부인협회 #일본의 페미니즘 #동아시아 페미니즘 운동 #동아시아 신여성

587 고노에 후미마로(近衛文麿)

패전으로 귀결된 야망과 좌절 (인물로 보는 일본역사 11)

김봉식(고려대학교 강사) 지음

미 · 영 중심의 국제질서에 도전하고 독일 · 이탈리아와 동맹을 강화하여 전쟁의 참화를 불러온 귀족정치가. 고노에 후미마로(1891~1945)의 생애와 한계를 살펴본다.

키워드 🔍

#중일전쟁 #태평양전쟁 #신체제 #일본역사

eBook 표시가 되어있는 도서는 전자책으로 구매가 가능합니다.

(주)살림출판사
www.sallimbooks.com
주소 경기도 파주시 문발동 522-1 | 전화 031-955-1350 | 팩스 031-955-1355